EXCIT
ATION

激励

让员工自动自发工作的管理技巧

刘瑞军◎编著

时代 成都时代出版社
CHENGDU TIMES PRESS

图书在版编目（CIP）数据

激励：让员工自动自发工作的管理技巧 / 刘瑞军编著.--成都：成都时代出版社，2020.11

ISBN 978-7-5464-2678-5

Ⅰ.①激… Ⅱ.①刘… Ⅲ.①企业管理—人事管理—激励制度 Ⅳ.①F272.923

中国版本图书馆 CIP 数据核字（2020）第 183673 号

激励：让员工自动自发工作的管理技巧
JILI RANG YUANGONG ZIDONG ZIFA GONGZUO DE GUANLI JIQIAO
刘瑞军　编著

出 品 人	李若锋
责任编辑	樊思岐
责任校对	刘　瑞
装帧设计	柳育婷
责任印制	张　露
出版发行	成都时代出版社
电　　话	（028）86621237（编辑部）
	（028）86615250（发行部）
网　　址	www.chengdusd.com
印　　刷	三河市嵩川印刷有限公司
规　　格	710mm × 1000mm　1 / 16
印　　张	13
字　　数	200 千
版　　次	2020 年 11 月第 1 版
印　　次	2020 年 11 月第 1 次印刷
印　　数	1-20000
书　　号	ISBN 978-7-5464-2678-5
定　　价	42.00 元

前 言 *preface*

人力资源是一个企业最重要的资源之一，人力资源和物质资源的有机结合才能促进企业发展，才能为企业和社会创造价值。在竞争日益激烈的市场环境中，越来越多的企业意识到员工的重要性，逐渐达成一个共识，那就是只有拥有丰富人力资源的企业才能在市场上站稳脚跟，才能从竞争中脱颖而出。

员工的素质和活力是一个企业的根本动力，拥有一支活力强、执行力强的员工队伍是一个企业成功的关键。而员工的活力来源于对企业的责任感和归属感，来自员工自身的积极性和主动性，如何才能提高员工的积极性和主动性成为企业管理中的重点。

大量的实践经验表明：激励是激发员工内在动力的有效方法。激励能够充分调动员工的积极性和主动性，能够鼓舞团队士气，激发员工的工作热情；激励能够挖掘员工的潜力，提高员工的自身能力；激励能够提升团队的凝聚力，调节企业与员工之间的关系，进而提高员工的工作效率，提升企业的竞争力。

所谓的激励就是激发和鼓励的意思。在企业管理中调动员工积极性的过程就是激励，为了特定的目标，通过一定的激励手段影响员工的内在需求和动机，从而改变和强化员工的行为。激励具有持续性、主动性、引导性和针对性等特点。

一个公司的员工往往性格各异，能力也参差不齐，作为企业的管理者想要将公司管理得井井有条并不是一件容易的事。掌握一定的激励手段，是每一个管理者都必须具备的能力。本书从物质激励以及情感激励两个大方面介绍了一些成功管理者经常会采用的激励方法。管理者通过学习本书中的内容，进而掌握本书中的激励方法，在现实的企业管理中结合本企业的现状和员工特点，针对性地使用一种或几种激励手段，能够成功激发员工的内在能动性，提高员工的工作效率，使员工能够发自内心地为企业服务，心甘情愿地为企业奉献，最终使企业健康快速持续地发展。

目　录 contents

上篇　以物诱人

第三章
愿景激励，拉着员工一起做梦

第四章
目标激励，看得见的“梅子”

第五章
晋升激励，善于提供广阔的发展机会

第六章
竞争激励，一把驱动员工激情的“双刃剑”

第七章
授权激励，激发员工的积极创造力

第八章
股权激励，植入“主人翁意识”

下篇　以情动人

第九章
情感激励，铁打不破的冰情能暖化

第十章
语言激励，一句话可以激荡一个灵魂

第十一章
价值引导，对工作发自内心地“热爱”

第十二章
榜样激励，给心灵一个仰望的标杆

第十三章
荣誉激励，让员工拧紧上进的发条

上篇　以物诱人

第一章
薪酬激励，员工最渴望的数字变化

◎薪酬结构的设计

所谓薪酬结构，就是企业中不同岗位、不同工作之间薪酬水平的比例关系。它可以反映一个企业对于不同岗位和能力的重视程度，科学合理的薪酬结构不但能够节省企业成本，还可以有效地激励员工，一方面肯定和鼓励成绩突出的员工，另一方面可以促使业绩差的员工努力工作，进而提升整个团队的工作效率，提高企业的竞争力。但现实中很多企业都缺少科学合理的薪酬结构，导致企业的竞争力不强。

不合理的薪酬结构一般表现在以下几个方面。

一、考核系统不合理

薪酬结构的设计以科学的考核体系为基础，只有保证对员工的考核结果公平公正公开，才能设计出合理的薪酬结构。比如，有些企业的考核过程不公开，导致一些溜须拍马者和关系户走上了管理者岗位；有的企业不能合理地运用考核结果，流于形式，考核没有与员工个人能力和工作成绩挂钩。

二、激励结构不合理

薪酬制度的一个重要作用就是激励员工，而不合理的薪酬结构却实现不了这样的功能。比如，很多企业在设计薪酬时，过分强调“平均性”，导致员工之间的工作差异很小，绝对的平均是对成绩优异者的不公平，也很难留住人才。

不合理的薪酬结构设计起不到激励员工的作用，还会阻碍企业的正常发展。不合理的薪酬结构会损害企业形象，阻碍企业员工形成共同的价值观，影响企业的凝聚力；不合理的薪酬结构伤害员工的工作积极性，进而造成人才的流失；不合理的薪酬结构影响人事部门的威信，因为薪酬制度是人事部门制定的，不合理的薪酬制度势必造成其他员工对于人事部门的不满。

薪酬结构一般分为三种类型：高弹性薪酬模式。这种模式重在激励员工，所以绩效薪酬是该结构的重要组成部分，而基本薪酬处于比较次要的位置，所占的比例比较低，一般运用于销售人员中；高稳定性薪酬模式。这种模式重在稳定性，所以基本薪酬是最重要的组成部分，而绩效部分所占比例较低，一般适用于企业刚起步时或者技术岗位；调和型薪酬模式。该模式既有稳定性又有激励性，基本工资和绩效工资都占有一定的比例，一般适用于企业的管理岗位。

薪酬结构的设计一般要遵守以下几条规则。

一、不同层级员工的薪酬结构设计原则

基层员工：基本薪酬应该占据较大的比例，绩效工资比例次之。在基层员工的收入中，短期薪酬一般占据绝大部分；中层管理者：基本薪酬的比例有所下降，变动工资比例提高，而且整个薪酬中短期薪酬的比例下降，但仍然是主力；高级管理者：基本薪酬的比例是最低的，绩效工资比例最高，短期薪酬所占比例要低于长远薪酬的比例。

二、长、短期薪酬的考虑因素

从行业因素来看，一般在新兴行业、高科技行业中，比如互联网公司、电商公司等，长期薪酬占据着重要的位置，所占的比例较高；在一些传统行业中，比如传统的制造业，短期的薪酬所占的比例就相对较高。

企业所属不同发展阶段，薪酬结构也相应改变。比如在企业的发展初期，一般采用高稳定性薪酬结构，因为此时公司的业务不稳定，高稳定性可以留住人才；而在企业市场相对固定后，就要实行高弹性的薪酬制度，

这时可以激励员工开拓更多业务。

激励技巧和要点

· 薪酬结构的设计要根据企业的实际情况。不同的行业所采用的薪酬结构有所不同，而企业处于发展的不同阶段也影响着薪酬制度，所以企业在设计薪酬结构时要充分考虑自己企业的实际情况，设计出合理的薪酬结构。

· 薪酬结构的设计要区分不同员工类型。企业中员工处于不同的岗位、不同的部门，那所适用的薪酬结构也要有所不同，所以企业要因人制定薪酬制度。

◎制定薪资上调机制，让员工有盼头

员工工作的最基本目的就是获得报酬，员工对于薪酬增长的欲望是非常强烈的，所以企业要结合企业的发展状况和员工的现有收入水平，按照行业信息，建立一套随企业发展、社会发展和行业发展而上调的薪酬增长机制，让员工对于未来有盼头有信心，才能激发员工的积极性和主动性，才能留住员工，才能促进企业发展。

有很多企业错误地认为员工处在企业的最底层，是用付出的劳动来换取报酬，既然一开始就确定了薪酬的标准，就代表着双方的认可，所以没必要上调员工的工资。这样的公司往往难以留住人才，因为他们忽略了员工作为企业利润的直接制造者，他的劳动关乎企业的发展，激发员工的工作热情，保护员工的工作积极性至关重要。因此制定员工的薪酬上调机制是十分重要的一个环节。

员工的薪酬增长一般包含两个方面的增长：一方面，当企业经过一定时间的发展，经济效益增高，或者企业所属地区的经济发展后，人民的普遍收入都有所提高，此时企业就要根据实际情况来增加员工的基本工资；另一方面是绩效工资的增加，企业为了调动员工的积极性，增加员工的绩效薪酬水平。

企业的薪酬上调制度一般包含两种调整方法。

一、个人调整法

个人调整法一般是指年限调整法，所谓的年限调整法，就是根据员工在企业的工作年限，给予不同程度的奖励或工资增长，比如，公司规定员工在企业工作的年限在1–3年的，每月享受年限工资100元，工作年限在4–6年的，每月享受年限工资300元，工作年限在7–9年的每月享受年限工资500元，以此类推。这个工资上调方案的最大好处在于留住员工，让员工看到忠诚度的价值。

二、整体调整法

所谓整体调整法是企业根据企业的发展状况，根据社会物价水平或者行业的薪酬水平变化等，合理地上调企业全体员工的工资水平。一般包含以下三种计算方法。

第一种，综合平衡法

本年度薪资基数 = 上年度薪资基数 ×（1+A）×（1+a%）×（1+b%）×(1+c%)

其中A是指工效挂钩办法反映的企业经济效益KPI等综合指标变动比率；a是指报告期对于基期国民收入GDP增长，使用GDP增长率；b是指报告期对于基期的物价指数，使用消费品价格指数CPI；c是指行业工资增长线。

第二种，紧跟指标法

确定当期一个或两个经济指标进行紧跟，譬如消费品价格指数 CPI 或 GDP 增长率，确定工资增长比例。

第三种，固定增长法

确定一个基本增长比例，譬如 8%（目前已经有不少国有企业是这样做的）核定每年的工资总额。

激励技巧和要点

· 薪酬上调的标准必须公平。企业管理者不能以自己的好恶来随意上调某个员工或者某个团队的工资水平，这会严重破坏企业的公平性，企业的薪酬上调制度必须严格根据企业的现实需要进行制定，并严格执行。

· 薪酬上调制度激励着员工不断向前。合理的薪酬上调制度可以让员工看到未来增长工资的可能，并促使员工根据要求来提高自身的能力，尽快达到上调薪酬的标准。

◎ 薪酬激励与绩效考核相结合

薪酬激励和绩效考核都是企业管理惯用手段，薪酬激励是鼓励员工的重要方法，绩效考核是一种衡量员工的方法，两者都是企业发展的保障。

现实企业管理中，薪酬激励和绩效考核是相辅相成、相互影响的，只要其中一个做得不到位，就会影响另一个的实际效果，直接造成员工的积极性下降，造成企业效益的减少。部分企业在绩效和薪酬的结合上存在一些问题。

一、薪酬激励和绩效考核的目的不明确

很多企业只是简单地照搬别人的薪酬制度和绩效考核制度，至于这两项制度分别要达到什么样的目的却不是很明白，目的性不强的管理注定得不到好的效果。

二、绩效和薪酬制度过于简单化

很多企业只是设置了简单的薪酬制度和绩效制度，并没有健全的系统的薪酬体系，容易导致管理中出现问题。薪酬达不到激励的效果，绩效考核不能满足员工的需求，很多企业之间机械地将绩效考核和薪酬挂钩，没有发挥出绩效的实际作用，让员工误以为绩效考核就是为了扣大家的工资，引起了员工的反感。

三、调整不到位

如果公司的薪酬制度和绩效考核相结合出现问题，企业也要学会调整。很多企业虽然意识到薪酬制度与绩效考核方面出现问题，却不清楚问题具体出在哪里，更不知道要如何改正，于是就简单地凭着感觉调整，严重脱离了企业的实际情况，调整的效果可想而知。

四、制度僵化，缺少灵活性

如果企业的制度一旦制定就不变更，也容易滋长问题，毕竟企业的内外部环境都是不断变化的。薪酬制度和绩效考核制度要保证公开透明，随时吸纳员工的合理化建议，对制度进行调整和改进，以适应企业的发展。

企业如何做好薪酬激励与绩效考核相结合，可以参考以下方面：

1. 薪酬设计要包含

基本工资和绩效工资

基本工资是对员工基本生活的保障，绩效工资是对员工能力的肯定，将薪酬激励和绩效考核有机结合起来，能够极大地调动员工的积极性，有助于企业建立科学完善的薪酬体系。一旦有了绩效考核，不同岗位间员工的工作业绩就可以直接比较，不同员工的薪酬调整就可以按照绩效考核的结果进行，这样不但可以充分肯定能力优秀的员工，还有利于企业建立结果导向的企业文化。

2. 将激励与考核结合起来

一旦将薪酬与绩效考核结合起来，就会打破原有的“大锅饭”的状态，为员工设置目标，对结果进行考核，如果达到要求就可以拿到相应的奖励，完不成就要扣除一定的奖金，充分运用绩效考核的结果。

绩效考核是对员工过去工作的情况、创造的价值进行评价，而薪酬管理则是用来激发员工的积极性。成功的薪酬激励效果是建立在科学合理的绩效考核制度基础上，而设计出与企业当前状态相适应的薪酬激励制度是进行有效绩效考核的必然结果，两者相辅相成，科学统一。

激励技巧和要点

· 薪酬激励制度是绩效考核的效果实现的保证。没有适合的薪酬激励制度，绩效考核的结果也将毫无用武之地。

· 绩效考核制度是薪酬激励的基础。没有科学严谨的绩效考核制度，没有每个员工的绩效考核表现，那么薪酬激励将无从谈起。

◎“提成制”，刺激业绩增长

提成在我们的生活中已经司空见惯，企业为了刺激员工创造更多的业绩，一般都会推出提成制度，业绩越好提成就会越多，以员工的“多劳多得”来实现企业的“多劳多得”。实际管理中，除了销售人员的提成制外，一线工人的“计件制”其实也是一种提成制度。提成制度既可以激励员工，增加员工收入，也可以促进企业业绩的提升，可谓是双赢。

销量对于一个企业来说至关重要，甚至可以说关系到企业的发展与存亡，而提成制恰恰是最直接最高效的提高销量的方法，所以企业在设计薪酬制度时一定要加入提成制度，以此来激励员工创造更好的业绩、更高的销量。

提成制是个比较笼统的说法，企业在实际管理中，提成制可以有多个表现形式，有多个提成类型。

一、纯提成制

所谓“纯提成制”是指员工的工资全部由提成构成，企业不给员工发放基本工资。纯提成制具有极强的激励作用，员工的工资直接根据销售结果按照一定比例发放，这种模式操作起来简单便捷。但是有两个缺点，一个是强烈的结果导向。员工只看重最终的销售结果，而忽略甚至故意忽略其他，容易给企业造成不良影响；另一个是强大的工作压力。员工们的工资相对不稳定，导致员工产生极强的危机感，增加了员工的淘汰率和不稳定性。

二、底薪加提成制

“底薪加提成制”是指员工的工资由固定的基本工资和业绩提成两部

分组成。企业发放的底薪一般不会太高，只是为了满足员工的基本生活开支，提成是为了激励员工。这种模式在企业管理中最为常见，因为这种方式既保证了员工的基本生活，又刺激了员工努力工作，兼顾了稳定性和激励性。

三、底薪加提成加奖金制

这种模式是指员工除了可以拿到自己的销售提成外，还能拿到奖金。奖金的发放标准一般根据团队或者部门的业绩来核定。比如，销售团队的销售额、销售部门的销售额等。这种模式的好处在于引导员工除了注重自身的业绩外，还要考虑团队和部门的整体效益，能够实现个人和部门的均衡发展。

四、底薪加奖金制

“底薪加奖金制”是指员工的工资由固定工资和团队业绩奖金构成。这种模式的好处在于引导员工注重团队的整体利益，只有整个团队的业绩提升了，个人的收入才会增加，能够克服员工只关注个人利益的弊端，但这种模式也会存在“大锅饭”的问题，容易让部分员工浑水摸鱼，形成“干多干少都一样”的错误现象。

企业在制定提成制时容易出现几个难点问题：第一，底薪如何确定。底薪分为低底薪和高底薪，对于销售周期长难度大的企业来说，可以设定高底薪；对于销售周期短业绩产生快的岗位来说，采用低底薪。低底薪一般可以参照当地的城市最低工资标准来执行。第二，提成的比例设定。提成的计算首先要依据公司的实际状况选择“销售收入额、销售合同额、销售毛利额、销售净利额、销售市场份额、销售增量、销售回款额”等多种指数中的一个或几个组合。另外，提成的比例设定也分“单一提成比例、累进提成比例、累降提成比例”等几种，可以根据企业的实际销售情况设置。在提成的具体数额设定上，可以参考底薪的一定比例、公司销售额分配比例、行业标准等多种方式决定。

激励技巧和要点

· 选择适合企业情况的提成制。提成制有很多类型，每个类型的侧重点有所不同，企业可以根据自身的实际情况和希望达到的激励效果，来选择最合适的提成制。

· 提成的设置要符合客观事实。提成的设置需要采用一定的比例和方法，既能达到激励员工的目的，又符合企业的经济现状，提成不宜过高也不宜过低。

◎ 加薪是门技术活

加薪是员工最渴望的事情，也是对员工和团队成绩的肯定。加薪对于一个员工来说意味着收入的长期增加，这可以极大地鼓舞士气，提高员工的工作效率和对企业的忠诚度。

加薪一方面增加了员工的收入，但另一方面却增加了企业的支出，过多的加薪会增加企业成本，还会造成员工对企业形成过高的期望，加薪过少又起不到激励员工的作用，所以加薪不是简单地增加员工工资就可以的，一定要遵守一定的规则。

一、找准加薪对象

加薪可以是针对一个员工、一个团队，也可以是针对一个企业的全体员工，无论是哪一种加薪都要找准对象，给员工一个合理的理由，让加薪成为理所当然的事，避免引起其他员工的不满。比如，企业为了刺激销量，公开做出承诺，只要哪个销售团队完成销售目标，就可以给团队的所有员工每人加薪500元，当有一个团队实现目标后，公司兑现了承诺，为员工加薪，这种事前说明的加薪，就给了其他员工理所当然的感觉。

二、保证公平性

中国有句古话“不患寡而患不均”，加薪是件比较敏感的事，一定要做到公平公正，否则加薪会好心办坏事。拒绝平均主义，体现差别，对于职位高、贡献大的员工，要重点考虑他们的涨薪问题，差异性才能保证公平性。比如，企业在一次重大的招投标中获得大胜，为了鼓励员工，企业决定给参与的员工涨薪，其中在本次招标中贡献最大的两人涨幅最大，这就体现了差异性和公平性。

三、要注意加薪的时机

加薪对于员工虽然是件好事，但企业不能无故涨薪，一定要选择合适的时机，给加薪一个合理的理由。

1. 加薪可以选在公司困难时期

加薪的激励作用巨大，企业可以选择在公司困难时期给员工加薪，困难时期的公司人心不稳，人人都在为公司的未来感到担忧，如果此时给员工加薪，可以起到稳定军心、增强员工信心的作用，让员工有渡过难关的决心，同时企业此举可以令员工齐心，为公司克服困难提供动力。此时的加薪是全员涨薪，只有让所有员工都得到好处，才能激发企业自上而下的活力。

2. 加薪可以选择在团队完成任务时

当一个团队经过努力，出色地完成工作时，此时团队是最需要肯定和鼓励的。选择此时给团队成员加薪，一方面肯定了团队的成绩，鼓励他们继续努力工作，另一方面也让其他员工看到公司的态度，只要努力工作就会得到回报。

3. 加薪选择个人业绩突出时

企业员工的能力不同，努力程度不同，工作的完成程度也会完全不同，对于工作出色的员工，除了一般的激励措施外，还可以选择在此时给该员工涨薪，以肯定他的努力。比如，小张工作非常努力，几乎每个月都是业绩最好的员工，每个月都能拿到奖金激励，在连续六个月拿到销售冠军后，公司决定给其加薪，这极大地激励了小张，而且在别人看来这也是理所当然的事。

激励技巧和要点

· 加薪选在公司困难时期。选在这个时间点，是为了最大限度发挥加薪的激励作用，依靠这股激励的力量，帮助企业渡过难关。

· 加薪选在团队或个人成绩突出时。选在这个时间点，选择这样的对象，一方面是肯定他们的付出，激励其他员工；另一方面还能体现公平公正，不引起其他员工的不满。

◎ 采用高弹性薪酬模式，刺激“吃大锅饭”的员工

有些公司的薪酬体系本着公开透明的原则，在基本薪资的设计上，根据不同的岗位、级别而设定一个固有的数字，也就是什么岗位工资是多少，什么级别工资是多少，每多久可以涨百分之几，全都是定死的。这么做的目的是什么呢？就是为了避免薪酬保密制的情况下发生一些弊端，比如员工间互相猜忌，总认为别人拿得多，自己拿得少，认为同样的职位工种，同样的时间与劳动支出，企业在劳务支付上却有失公平，因而对企业产生抱怨，带着情绪工作，甚至干脆消极怠工。

的确，薪酬体系的公开透明可以在一定程度上给予员工心理上的平

衡，但这种看似公平的体系下又往往会滋生一些新的问题，滋养出员工新的“不公平感”。比如一些表现出色的员工认为和表现平平的人拿一样的工资很吃亏；一些主动为工作加班加点的员工认为和那些偷奸耍滑、到点就溜的人拿一样的工资很不公平；一些业绩好的员工认为和业绩少甚至是零业绩的人拿一样的工资很气愤……这就好比是“吃大锅饭”，不论干多干少、干好干坏，最终都是拿的一样的碗，从一个锅里盛一样多的饭，并没有因为自己做得多、做得好而多得到些什么。于是乎，久而久之，干得好的人会向干得差的人看齐。你偷懒我也偷懒，公司效益好不好也不在乎了，反正多付出也得不到回报，何必把自己搞得那么累。

对于那种工作热情不高、天天在工作岗位上混日子的员工来说，最需要的就是精神上的刺激，从根源上断掉他们的依赖，打破他们的安逸状态，用新的薪酬模式来刺激他们的工作热情。

那么，最行之有效的刺激方式就是采用高弹性的薪酬模式。

通常薪酬可分为两类：一类是刚性薪酬，即以满足员工的基本生活需求而设立的基本数额。这和“刚需购房者”是一个概念，可以从工作中获得满足基本生活需求的酬劳是人们从事工作的刚性需求；一类是激励性薪酬，是在满足员工刚性需求的基础上，为了刺激员工工作热情，提高工作效能而设计的奖励性薪酬，比如奖金、提成、股份等。

高弹性薪酬模式就是缩小刚性薪酬的比例，放大激励性薪酬的比例，如图示：

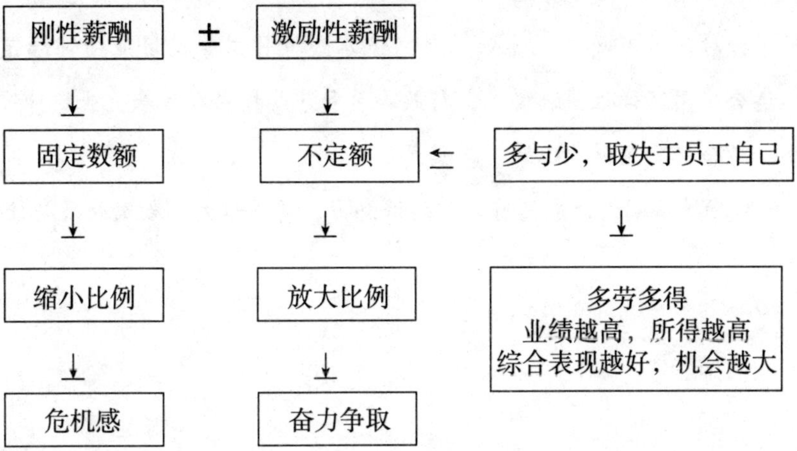

刚性薪酬所占比例越大，人们的保障性越高，那对于工作的挑战欲望就越弱，尤其是对于习惯了安逸的员工来说，反正基本工资够用了，奖金、提成之类的额外收入能得到最好，得不到生活也不受影响。对于这类人来说，内心的这点安逸必须打破，缩小刚性薪酬比例，让其感受到基本生活保障受到了威胁，必须重视奖金、提成，必须打起精神，努力工作，做出成绩，只有这样才能得到更高的回报，在满足基本生活需求的同时，还能提高生活水平，实现自我价值。

所谓的高弹性薪酬模式，弹性就在于激励性薪酬。基本工资由公司来定，对所有人一视同仁，激励性薪酬则取决于员工的日常工作表现及工作成绩。比如计件工资，做得越多所得越多；比如销售提成，业绩越高，所得提成也越高；比如季度或年度奖金，结合综合表现进行评比，工作态度好，努力进取，一样有机会得到。

高弹性薪酬模式同样可以在公开透明的原则下，制定一整套完善的薪酬具体细则。如何赚取高额工资，让员工一目了然。

激励技巧和要点

· 针对岗位有要求。诸如销售、流水线操作工等岗位业绩伸缩范围大，适合采用高弹性薪酬模式；行政人员和基层技术人员等，业绩伸缩范围小，适合稳定且弹性小的薪酬模式。

· 激励性薪酬设计应具有一定的诱惑力，诱惑越大，激励效果越佳。

第二章
奖励激励，让毛驴奔跑起来的萝卜

◎奖金激励，最直接的犒赏

发放奖金是公司常用的一种激励方式，是最直接最能调动员工积极性的方法，如果运用得当就能很大程度上激发员工的活力，帮助公司完成目标。奖金激励虽然高效直接，但要防止被滥用，运用起来也要讲究技巧，不是简单地发放就可以的，要遵循一定的原则，讲究一定的方法，否则很可能适得其反。下面讲解一下发放的原则。

一、奖金的发放计划要简单明了

奖金发放的目的就是要达到预期的目标，要么是销售目标，要么是工作进度，一旦达到就要兑现奖金。但是奖金兑现的标准一定要明确和简单，要能够让员工直接记住，印在脑海中，每天以目标激励行动。

错误的做法：某饮料公司为了提高销售量，制订了奖金发放计划，计划内容是“只要员工能够在本月的B级市场/二级经销商市场中，让公司的A款饮料销售量达到市场上同级别饮料的50%，就可以兑现奖金”。

正确的做法：计划内容应该是“只要这个月的销售量超过计划量的10%，就可以额外得到奖金1000元”。

二、奖金的发放时机选择很重要

心理学研究发现，当一个人极度渴望得到某样东西时，这个时候如果可以及时满足他，就会使他获得最大的边际效用。同样，奖金的发放也要选择合适的时机，以使员工获得最大的满足感。

错误的做法：一家销售公司在月初给销售人员制订了奖金发放计划，如果谁能够完成计划书的95%以上，将得到工资数30%的额外奖金，对于这个激励，员工们的积极性很高，纷纷努力提高自己的销售额。到月底有两人达到目标，但是公司以财务不好走账，年底一起发放为由拖延发放日期，这对于满怀希望的员工来说落差很大，即使等到年底拿到奖金，内心的满足感也不会太强。

正确的做法：在月底员工达到奖金发放标准时，也正是员工对奖金抱有最大期望，甚至是对奖金已经有了安排时，及时发放给员工，才能将奖金的作用发挥到最大。

三、奖金的发放要做到让员工公平公开

奖金的激励作用建立在公平公开的基础上，奖金要发挥最大的激励作用必须事先公开，让所有员工都了解奖金发放标准；在事后发放奖金时要公平，严格按照奖金计划发放，不能搞差异化，要做到心服口服。

错误的做法：某公司销售经理在员工完成目标后，发现完成的员工中有一个是自己的好朋友，于是在发放奖金时给这个朋友多发了500元，理由是这个员工完成的销量是最多的，但是最初制订奖金发放计划时，只是要求完成超过上月的20%即可享受奖金，其他完成任务的员工对此愤愤不平。

正确的做法：在月底完成任务后，不论亲疏，不论远近，一律按照计划来兑现，一视同仁，这样才有信服力。

四、掌握员工的期望值，适当调节奖金发放额度

随着社会经济水平的提高，人们的收入水平明显增加，获得的劳动报酬也远高于以前，如果想使奖金发挥最大的激励作用，就必须掌握员工的报酬增加期望值，才能充分调动员工的积极性。当员工的工资水平较低时，只要给予较低的奖金就能使员工感到收入的明显增加，而当员工工资调高时，如果仍维持原有的奖金数额，将很难再激励员工。

错误的做法：一家公司在初创时，员工的月工资普遍只有2000元左右，这时对于销量完成较好者，给予500元的奖励，激励作用非常强。当公司发展壮大后，员工的月工资基本都达到了5000元以上，如果公司依然沿用过去的奖金计划，完成好的奖励500元，这时管理者将会发现激励的作用大大降低。

正确的做法：奖金的额度随着员工工资的增长而增长，一直保持在月工资的25%左右，将能最大限度地激励员工。

激励技巧和要点

· 掌握奖金发放的时间，及时满足员工对于奖金的渴望；掌握奖金发放的额度，最大限度地调动员工的积极性。

· 奖金的发放必须公开公正，使奖金起到激励作用，而不要成为员工之间、员工和公司之间的矛盾爆发点。

◎奖品激励，奖品设置要具有诱惑性

在现代企业管理中，激励已经是一个耳熟能详的词汇了。激励一方面可以面向自己的员工，激发他们的工作热情，增强他们对于公司的归属感和认同感。同时也可以面向自己公司的代理商和经销商，让他们对代理公司的产品更有信心，更有兴趣去销售你的产品。

当我们在制订一个奖励计划时，奖品的选择是重要的一环，虽然会有很多员工告诉你，发放奖品还不如发放奖金实在，但是很多实际的案例告诉我们，一些特别有意义的奖品会比奖金的激励作用还大。

据有关研究发现，如果采取非现金的物质奖励，那么隐藏在奖品背后的“奖品价值”所代表的含义将更能鼓舞人。被奖励者在拿到奖品后可以向自己的好朋友炫耀自己的成绩，事后看到奖品还能重温自己获奖时刻的荣耀和快乐。比如很多公司发放的奖杯或者荣誉证书之类的奖品都会被员工摆在家中显眼的位置上，当来客问询奖品来历时，员工既可以向朋友详细介绍自己的“丰功伟绩”，还可以再一次重温自己的“激情岁月”。

但是奖品的发放是一把双刃剑。当你了解一个人的需求时，针对他的爱好给予相应的奖品，将发挥巨大的鼓舞作用，但是当你不了解一个人的需求时，只是根据大多数人的喜好，或者是仅仅根据自己的喜好，选择奖品发放给员工，可能会适得其反。

奖品的选择事关激励作用能否发挥，所以说选择奖品是一门学问，一定要在充分考察和了解员工的基础上进行奖品的选择。

错误的案例：刘杰作为公司销售部的经理，深知这段时间压力很大，公司的销售业绩直线下滑，他就想到用激励的方式给予员工额外的刺激，以帮助公司提升销量。于是他告诉员工只要这个月的销售额能够完成计划的90%，将给予每个员工一份神秘奖品，出于对奖品的好奇和渴望，销售员工们提起了十二分精神，付出了巨大的努力终于完成了公司的销售目标。但是刘杰却犯了愁，选择什么样的奖品成了一个大难题。经过长时间的思考，刘杰想到现在是冬季，不如送给每人一床高级电热毯吧。等到奖品发下去后，却没有得到预想中的效果，很多员工认为公司的奖品不实用。因为很多人家里都有空调，再说用电热毯一定程度上也不利于身体健康。所以说这样的奖品就失去了激励的作用，下次公司再提出奖品奖励就不再会调动大家的积极性了。

正确的案例：某公司一个销售团队每个月的销售业绩都很好，而且团队成员的热情很高，工作起来很积极主动。同一个公司的其他销售团队不明所以，纷纷来取经，但是看过之后发现不论是团队的管理模式还是销售模式都和其他团队一样，这使得大家一头雾水。但是有一个很聪明的销售发现了一个不同的地方。他发现这个团队每周有一个固定的节目，就是对于团队中业绩较好者奖励去该城市的足球赛现场看球的机会，之所以这个奖励如此有效，是因为该团队的全部成员都是足球迷，能够到现场看足球比赛比其他奖励都具诱惑。所以说，只要找到了正确的激励点，有时一张电影票、一张足球票可能会比金钱还能调动人的积极性。

激励技巧和要点

· 奖品奖励的关键点是“投其所好”，充分了解员工的需求，针对需求提供恰当的奖品，是奖品成为激励成功的关键。比如，需要荣誉时，可以奖励给他奖杯、荣誉证书，甚至是一次在全体员工面前上台领奖的机会。

· 奖励员工奖品可以提供多种选择。员工的需求千奇百怪，企业在奖励员工奖品时可以为员工提供一些备选奖品，让员工自由选择，这样一来，员工的心里会获得最大的满足。需要注意的是备选奖品的价值要相当，否则会破坏激励效果，可能还会引起混乱。

◎精神奖励，激发员工“为荣誉而战”的热情

有荣誉感的人是一个行动积极的人，有荣誉感的团队是一个负责任的团队，荣誉感是一个人或团队成功的关键因素，当一个团队为了荣誉而战时往往能够获得成功。企业要善于激发和唤起员工的荣誉感，要帮助员工从荣誉感中寻找工作的动力。

激发员工荣誉感，提升员工的主动性，满足员工的精神需求。如此，他们就不会因为工作中的些许小事而闷闷不乐，在工作中会积极主动，会

力求工作中各个环节完美，会为了打造完美而倾注自己的全部心血，这样的员工才是一个企业的重要财富。

如何激发员工的荣誉感呢？这一直是公司管理者思考的问题。其实管理中的精神奖励是激发员工荣誉感的极好方法。所谓精神奖励，就是对于员工的内在感受的激励，是一种无形的激励，包括关注员工的生活、适时的关心和表扬、对于员工工作成绩的肯定、提供学习和发展的机会等。精神奖励是一种内在激励，是利用精神上的无形激励来调动员工积极性和主动性的激励方式。

现实管理中常用的精神奖励大致有以下几种方式：

一、情感奖励

情感是直接影响员工行为的因素，每个人都有情感关怀需求。作为管理者要经常与员工沟通谈心，了解员工的生活状态，关心员工的生活，积极帮助员工解决生活中的困难，与员工建立一种互信、互助、团结、和睦的工作氛围。

二、荣誉奖励

具体的荣誉奖励包括发荣誉证书、奖状、奖杯或者制作荣誉墙等。自我实现的需求是人类在物质满足之后的更高层次的需求，荣誉激励是激励的一项重要手段。美国的IBM公司有一个特有的激励方式，他们公司有一个“百分百俱乐部”，顾名思义，只有那些100%完成年度工作目标的人才有资格加入这个俱乐部，每年还有隆重的聚会邀请他们的家人参加，这极大地满足了员工的荣誉需求，于是全公司的人都努力工作，把加入这个俱乐部当成自己的第一目标。

三、头衔奖励

管理者对于员工不要吝啬给予他们头衔，一些恰当的名誉可以提升员工的认同感和归属感。比如在企业中可以给予那些工作出色的员工以“技术标兵”，给予那些最拔尖的员工以“某某第一人”的称号。被树立榜样是一种巨大的精神奖励，可以使员工精神上获得极大的满足。

四、学习机会奖励

知识是一个人的宝贵财富，也是一个人发展的动力，对于表现出色的员工给予学习的机会，帮助他们增长知识，开阔眼界，提升自己的能力，为其以后的发展打下良好的基础。

五、肯定采纳意见奖励

员工作为企业的一员，对于企业的发展做出了自己的贡献，管理者要积极听取员工对于企业管理和发展的建议和意见，对于提出的可行性建议要积极采纳并付诸实践。当员工看到自己的建议被采纳时，对于员工的鼓舞是无穷的。

精神奖励应该注意的几个原则：

把员工当作家人。管理者要把员工当成一家人，发自内心地关心和奖励员工，让员工感受到来自企业的关心爱护。当员工把企业当作家时，才能最大限度地激发员工的创造性和能动性。

公开公正原则。精神奖励也要重视公开公正，公开可以扩大精神奖励的影响范围，帮助员工最大限度地获得满足感，而公正则是精神奖励起到最大效果的基础。

激励技巧和要点

· 精神奖励要出于真心。精神奖励本身就是一种感受性的奖励，只有发自内心，出于真感情，才能使员工获得温暖感受，才会使员工获得满足感。

· 精神奖励要“对症下药”。精神奖励方式很多，管理者要针对具体情况，在了解员工的心理需求的基础上，给予相应的奖励。

◎ 全勤奖，增加员工出勤率

所谓全勤奖，是公司的一项人事管理制度，也是为了提高员工的工作积极性和出勤率而实行的一项奖励制度。公司考勤制度是管理者掌握全公司员工工作状态、人员流动情况的主要依据。

最基本的全勤制度是：

一、当月在公司规定的上班时间内未出现任何迟到、早退、请假、旷工者，公司给予全勤奖。(迟到累计时间在规定范围内的依然算全勤)

二、当月请事假或病假，扣除100%全勤奖。

三、当月旷工一次即扣除100%全勤奖。

四、不服从安排而怠工、息工、擅自离岗影响工作正常进行的扣除本月全勤奖。

从公司管理角度出发，可以通过出勤率指数考察全体员工的敬业程度。合理的全勤奖励制度可以引导员工排除其他因素的干扰，将全部精力集中到工作中来，从而保证了工作的成效。实际上全勤奖励是为了提倡爱岗敬业，用奖励的方式对员工敬业度进行考核的一种激励制度。

企业出勤率计算公式 如下：

缺勤率＝缺勤天数/应出勤天数 ×100%

出勤率＝实际出勤天数/应出勤天数 ×100% ＝1－缺勤率 ＝1－(缺勤天数/应出勤天数 ×100%)

全勤奖励制度的好处显而易见，首先控制了无故请假的情况。对于企业来说，每天每月的员工出勤率得到了保证，就保证了公司的工作进度，相对来说也减少了员工的加班，一定程度上减少了公司费用支出。其次员工的福利增加。设立了全勤奖励的企业变相增加了员工的收入，提高员工积极性，吸引人才。

全勤奖励的奖励标准不宜过高，它只是对员工爱岗敬业的一项辅助奖励，一般只占员工工资的 5%–10%（不同企业执行的标准不同）。在员工的敬业度普遍较低时，全勤奖励可以起到很好的效果，但当员工敬业度较高时，全勤奖的设立就可以取消了，一方面是因为起到的作用已经不大，另一方面还能降低企业的费用支出。

企业的实际管理中全勤奖励制度往往存在一些问题，比如由于很多企业实行部门集体考勤制度，同一个部门的员工就会互相打掩护，或者出现迟到、早退情况不上报等；另外由于部分企业的全勤制度太过死板，导致有的员工为了全勤奖励，带病参加工作，给自己和企业都造成不便。

如果不能合理地解决上述问题，不建立完善的全勤奖励制度，那么全勤奖励制度的激励效果将大打折扣。完善全勤奖励制度可以从以下几个方面入手。

一、领导干部带头执行制度

很多公司的管理者总是将自己的地位凌驾于员工之上，对于公司的一些规定从不严格遵守，这就给员工造成了一种不公平的感觉，导致员工并不会从内心里执行全勤制度。

二、制定人性化的全勤制度

太过严苛的环境和制度，不利于员工能动性的发挥，死板的全勤制度导致员工考勤积极，但工作懈怠。因此，企业在设计全勤制度时，要与病假、年假、事假等区别对待，还可以制定弹性的全勤制度，不要迟到一次就不算全勤，可以规定全月迟到多少时间内算全勤，给予员工一个相对宽松的考勤环境。

激励技巧和要点

· 全勤奖励要把握好奖励额度。太低将起不到激励的作用，而太高会增加公司的成本，所以要设置在一个合理的区间（占员工月工资的5%–10%）

· 全勤奖励制度要合理弹性。完美的全勤制度不是单纯的死规定，而是包含了很多变化，合理的全勤制度应该考虑各种特殊和突发状况，既能调动员工的积极性，又不会引起员工的反感。

◎ 年终奖发放有学问

年终奖是指企业在每个年度结束时给予员工的工资以外的奖励，是对员工一年工作的肯定，也是将企业利润与员工分享的具体表现。

年终奖的发放没有统一的标准，各个企业可以根据自己的实际情况制订自己企业的年终奖计划，每个年度之间可以变换核算标准。但一个完善的年终奖计划必须包含优秀员工考评系统、评价标准和发放规则等，一个令员工信服的年终奖计划对于企业留住人才，增加企业凝聚力有积极作用。

虽然每个企业的年终奖计划不尽相同，但是有几个原则却可以减少年终奖的负面影响，保证年终奖的正面激励作用最大化。

一、年终奖放假前一天发放

这个原则主要是为了防止员工之间的攀比。虽然年终奖都是分别打到员工的个人银行卡上，但是不可避免员工之间互相打听，一旦有的员工发现自己的比别人的少，就会对公司产生怨言，甚至影响到本职工作。

某个地产公司以前发放年终奖时都是在元旦前后，每次发完年终奖，公司都会“热闹非凡”，员工之间互相打听，互相比较，总会有员工认为自己受到了不公正的待遇，认为自己奉献得多，但年终奖却比其他人的少，于是很多员工走进老总办公室抱怨，搞得领导不厌其烦。后来该公司将年终奖发放时间放在了除夕前一天，这样一来就清静了很多，第二天就放假过年了，等到放假结束，员工们对于年终奖的不满基本都消失了，最多是嘴上发发牢骚，公司的压力大大减轻。

二、可以将年终奖分几次发放

这一办法主要是为了防止员工跳槽，很多企业的员工流动性很大，尤其是年后开工时，很多年前该拿的奖金都已经拿到，年后纷纷跳槽，对企业的正常经营和生产极为不利。

有一家外贸公司在年终奖的发放上有自己的绝招，该公司将年终奖分两次发放，一次在春节后上班的第一个月发放，另一次则是在年中发放。由于外贸公司的年终奖数目一般都很可观，导致很多员工看在“年终奖”的面子上，一直待在公司工作，很好地保证了公司的人员稳定性。

另外，有一家通信公司更是将年终奖分成了4份，1份在年前发，其他3份分别在2月、4月、6月发放，很多想要跳槽的员工便选择了留下来。

三、额外发放“忠诚守约奖”

有些企业为了留住员工，在年终奖上动起心思来，想方设法丰富年终奖的内容，以此来稳定军心，留住人员。

比如厦门的一家动漫公司，为了避免年后出现大量员工跳槽的现象，就别出心裁地设置了“诚信奖”。这个奖是专门针对那些遵守劳动合同，年后还继续留在公司的员工，虽然钱不是很多，但也算是对守信员工的一种肯定和鼓励，肯定了他们的选择，肯定了他们对公司的忠诚，此举在一定程度上稳住了军心，留住了那些犹豫不决的员工。

四、按入职时间发放年终奖

此方法是为了保证年终奖发放的公平公正。严格按照入职时间的长短发放年终奖，既保证了公平，又可以激励员工长时间地为公司服务。

上海的一家运动器材公司在年终奖的发放上想出了“奇招”，该公司的年终奖发放按照员工的入职天数计算，直接精确到天数。该公司的年终奖分为两个部分，一部分是入职天数奖，假如一个员工入职了300天，那么他的这部分年终奖就是300×5=1500元，5元一天是基数，所有人都一样；第二部分是工龄奖，每半年50元工龄奖，假如一个员工的工龄是2年的话，每半年的工龄奖就是50元，两年就是200元。工龄奖就翻一倍。在这样的制度执行下，该公司的老员工越来越多。

激励技巧和要点

· 年终奖的发放要酬其所劳。员工辛苦了一年，年终奖的发放是对其付出的肯定，如果发放得不及时，金额过少，很容易让员工觉得不被尊重。

· 有技巧地发放年终奖可留住员工。年终奖是企业留住员工的一种手段，一定要讲究方式方法，有策略地发放，将留人的功效发挥到最大。

◎偶尔发个红包，“暗奖”更能激励人心

在现代企业管理中，经常用“明奖”的方式奖励员工，所谓的明奖就是在一个相对公开的环境中对员工进行表彰，这样的奖励方式可以为其他员工树立榜样，一定程度上刺激其他员工的上进心。但这种方式也有其弊

端，容易引起其他人的妒忌，为了“平息”其他人的嫉妒，得奖人一般会拿出部分奖金请客，导致得奖者拿到手的奖励遭受损失。

况且在公司经营过程中，还会出现一些不便公开奖励的情况，这个时候就应该采取“暗奖”的方式，暗地里给员工发“红包”，这样既可以激励得奖人，又不会引起其他人的不满，因为谁也不知道哪个员工拿到了奖励，自然不会引起不必要的麻烦。而且即使管理者给每个员工都发了“暗奖”，可每个人都不知道别人也拿到了，都认为自己受到了特殊的奖励，效果就是人人都会更加努力地工作，以回报老板的肯定。

实际案例告诉我们，暗地里给员工奖励是很好的一种激发员工工作积极性的“攻心术”，它暗示员工，员工的努力工作被领导认可了，而且因为比其他员工表现得好，所以才会得到特殊奖励。

董云是一家私企的员工，工作一直非常努力，他也认为自己是最努力的一个，是工作最出色的一个。但是由于长时间的努力一直得不到鼓励，他越来越失望，压力也越来越大，渐渐地产生了厌职情绪，甚至出现了换工作的想法。

他的消极情绪越积越多，就在他要做出离开决定的时候，他的经理找到了他，和他聊聊工作，聊聊生活，在谈话结束临出门前，经理塞给了他一个红包，同时告诉他：“你的工作我都看在眼里，你比其他员工都努力，也更有能力，好好干，公司已经把你看作后备干部，不要让公司失望。”董云激动无比，双手都有些颤抖，原来自己的努力果然没有白费。

从这之后，董云工作起来更加努力，也不再计较个人得失，他知道领导在看着他，果然不久后，公司的一个主管辞职离开了，他也水到渠成地晋升为主管。

发放“暗奖”也要注意一定的策略。首先，既然是“暗奖”一定要注意这个“暗”字，保密工作一定要做好，如果被其他员工知道，“暗奖”

变“明奖”将会让其他员工感到不满和嫉妒，认为公司厚此薄彼，不光会影响其他员工的工作热情，还会影响员工之间的团结。其次，“暗奖”虽暗但该明的也要明，如果太过神秘，连受奖的员工自己都不明白自己为什么得奖，那么“暗奖”就失去了作用，其实在发“暗奖”的时候，完全可以说明得奖的原因，如果说话不方便的话可以在“红包”里附上纸条，说明原因，这样员工才知道自己优点在哪里，才明白应该保持什么、应该改进什么。

激励技巧和要点

·“暗奖”要保持隐秘。“暗奖”的“暗”是这种激励方式发挥作用的前提，只有“暗”才能让员工认为自己是独一无二的，是享受特殊待遇的，才会激励其更加努力；如果“暗”没做好，将会造成员工之间的不和以及公司的混乱。

·“暗奖”要让受奖员工知其所以。“暗奖”不能搞神秘主义，要让员工明白自己得奖的原因，要让员工知道自己哪方面得到了领导的认可。

◎ 资源投入与效果产出成正比

按劳分配一直是我国倡导的报酬分配方式，这样的分配方式鼓励勤劳和努力，激励人们凭自己的劳动得到报酬，同时奖励也要讲究按绩得奖，拒绝“一刀切”的简单方法，反对平均主义。据调查，企业实行平均主义的，奖金与工作成绩相关度只有 20%，导致员工的积极性严重不足，而实行差别主义的，奖金与工作成绩相关度达到了 80%，这样的企业保持着强大的活力和生机。

奖励程度与贡献程度相当是奖励制度的一种重要心理学原则，体现了奖励与员工个人贡献之间的关联性，使奖励成为一种正面的导向，刺激员工更积极地工作，更努力地创造成绩，为企业的发展增添活力。

现实的企业管理中，很多企业的奖励制度缺乏竞争刺激因素。奖金的分配上还存在“一刀切”现象，没有和员工对公司产生的效能挂钩，没有针对性的效能测算，就出现了不管干得多还是干得少，干得好还是干得不好，奖金的发放上体现不出来，这样久而久之就会伤害到那些努力工作员工的积极性，助长公司员工的消极怠工情绪。

有一家互联网公司在公司初创时，对于公司的员工实行平均奖金制度。一开始很有效果，因为在初创时，员工对于公司的忠诚度和归属感都很高，工作起来很有责任心，都是抱着将公司做大做强的目标在努力工作，所以这时候的平均奖金是合理的，是有激励作用的。

但是随着公司的不断发展，员工队伍的不断壮大，公司还是坚持着平均奖金制度，这时候就出现了问题。一方面是因为新员工对于公司的责任心并没有元老级员工的高，在这样的奖金制度下，就无法刺激他们积极主动地工作；另一方面，公司的老员工感到不满，他们为公司付出了那么多，现在却要和新员工拿一样的奖金，老员工都感到很失望。

就这样，不论是新员工还是老员工都不再积极努力地工作，致使公司的业绩越来越差，在互联网这样竞争激烈、变化莫测的行业中，这家公司最终被淘汰。

每个公司中都存在着一些核心老员工，他们曾经为公司付出了很多，立下了汗马功劳，还有一些员工，他们凭着自己的努力为公司创造了巨大的效益，对于这部分人在奖金的分配上应该重点对待，这样从侧面对其他员工也是一种很好的激励和鼓舞，并能激励其他员工为公司做更大更长久的贡献。

针对这种制度的缺点，企业要强调奖金发放的准确性。按绩记奖原则是由奖金的性质决定的，因为员工的固定工资是对常规定额劳动的报酬，而奖金就是对员工的额外成绩和优异工作的奖励，员工超额的工作越多，得到的奖金就应该越多；超额的工作越少，拿到的奖金就必须少。所以奖金的发放必须要保证准确性，否则如果一味地滥发，一味地平均主义，那奖金制度就失去了刺激作用。

激励技巧和要点

· 奖励必须注重合理的差异性。由于每个员工的岗位不同、能力不同、贡献不同，在奖金的发放上就必须体现出差异性，合理的差异性是激励作用的保证。

· 奖励要坚持公平原则。虽然要坚持差异性，但一定程度上还要注意公平性，对于岗位性质和贡献程度差别不大的员工，在奖金发放时就要确保一致，这同样是激励性的一个保证。

第三章
愿景激励，拉着员工一起做梦

◎不是空想，企业愿景“可望也可及”

所谓的企业愿景是管理者对于企业的未来设想，是存在于管理者和员工脑海中的一个概念，是企业做出计划和部署的指导性方针。企业愿景回答了企业发展的三个问题，分别是“我们的企业是什么”“我们的企业将是什么”“我们的企业应该是什么”，以此描绘企业的未来发展蓝图，体现了企业的执着追求。

企业愿景的重要意义在于使公司管理者和员工明白了公司的发展方向，不再迷茫，不断地强化自身的核心竞争力，可以一直在所属领域保持着极强的生命力。很多企业不知道该如何制定企业愿景，不知道怎么制定一个切合实际的愿景，他们往往将愿景和目标混为一谈，其实目标和目的都应该来源于企业愿景。

企业愿景必须切合实际，不能是遥不可及的幻想，公司要有各个阶段的目标，否则愿景就像水中的月亮、纸上的大饼，根本起不到指引和激励的作用。

如果企业所制定的愿景是切合实际的，管理者就要坚定地执行它，把它当作企业发展的总指导方案，当作企业制定目标和计划的纲领，这样的愿景才能激励企业中的每一个人，才能联动企业中的每一个人，才能让企业健康持续发展。

曾经的沃尔玛公司只是一个微不足道的小零售企业，和同时期的西尔斯公司、彭尼公司和凯马特百货公司简直没有可比性，但是那时候的沃尔玛公司定位清晰，并将服务作为重点，提出了“帮顾客节省每一分钱”的宗旨，不管是在物流环节，还是采购环节，不管是在定价上还是在销售上，都努力围绕着这个目标。经过不断的努力，他们终于做大做强，而曾经高高在上的三大零售商因为没有抓住关键点，没有一个切实可行的“亲民化”的愿景，被沃尔玛远远甩在了后面。

切实可行的企业愿景拥有巨大的作用，下面介绍一下这些作用。

一、切实可行的企业愿景可以激励人

一个切实可行的企业愿景可以吸引和留住人才，有理想有能力的人认为在这样的企业中，可以在实现企业目标的过程中成就自己的梦想，通过自己的努力，创造一个不一样的企业，他们相信这样的企业是值得他们付出和努力的。

二、切实可行的企业愿景可以团结人

随着企业的不断发展，员工也会不断增加，这些员工来自五湖四海，有着不同的习惯、不同的文化、不同年纪、不同的思维方式，甚至会有不同的国籍和语言，但是一个切实可行的愿景可以将他们紧紧联系在一起，让他们为同样的目标和理想共同奋斗，将所有员工团结为一个共同体。

三、切实可行的企业愿景可以明确方向

切实可行的愿景是一个企业的灯塔，尤其是在企业困难的时候，一个清晰可行的愿景可以为企业提供动力，让员工忘掉暂时的困难而着眼于未来，帮助企业渡过眼前的难关。

激励技巧和要点

· 企业愿景要切实可行。空洞的幻想式的企业愿景不会为企业带来任何好处和作用，只有立足于企业现实，仔细分析未来的可能变化，这样做出的愿景才能够为企业带来生机和活力。

· 企业愿景要努力执行。再好的计划，再切实的愿景，如果不执行不贯彻，也只是存在纸上的空话。要围绕企业愿景制定出企业各个阶段的目标和计划，在一步步实现目标的过程中完成企业愿景。

◎将企业愿景与核心价值观深入到员工心中

企业愿景对公司的发展具有指导作用，但如何发挥出这种指导作用，一直是企业管理者思考的问题。企业愿景和价值观不论多么切合实际，如果不能够深入每个员工的内心，不能激发员工的内在动力，都将是一句口号，一句空话。

企业愿景要扎根于员工的心里，要将员工的个人愿望与企业愿景合二为一、融为一体。著名的海尔电器公司的高层管理者在制定企业愿景时提出：“个人生涯计划与海尔事业规划要统一。”一个企业在实现总体目标之前要将员工的个人成长与企业的未来规划统一起来。五粮液集团的企业愿景就有这样的三句话——“员工富、企业强、社会贡献大”，这个愿景完美地将员工的个人愿望、企业发展和社会使命融合在一起了，引起了员工的强烈共鸣，并将这种共鸣转化为强大的工作激情。

一个好的企业愿景要能够激发出员工的热情和主动性，要能形成强大的凝聚力和向心力，但是如何将企业愿景植入每个员工的内心呢？与员工的有效沟通是关键。

在提倡“以人为本”的今天，员工就是一个企业的宝贵财富，是一个企业的发展之源和动力之源，一个企业价值的产生都来源于员工的努力工作，作为企业的管理者，最重要的任务就是要为员工营造一个好的工作环境，给员工工作的动力，给员工美好愿景，让全体员工为了一个共同的目标去奋斗，只有将企业愿景通过沟通清晰地传达给员工，才能让他们对公司的未来有更深刻的认识。

管理者要充分运用沟通手段，将公司的愿景分享出去，让员工工作起来有激情活力。下面给大家分享一个“驴拉磨”的故事。

人想要让驴拉磨干活，无非是通过以下三种方式：一种是鞭打，一种是将驴的眼睛蒙上，还有一种是在驴的眼前吊一根胡萝卜。上面的三种方式其实也对应了企业日常管理中激励方式，鞭打就是处罚制度，蒙住驴的眼睛就是以蒙蔽的方式获得效果，而那根驴子眼前的胡萝卜则是一个企业的愿景和未来。鞭打和蒙眼虽然也能刺激员工努力工作，但是只有那根萝卜才能使员工发自内心地行动，全力以赴地工作。

将愿景和价值观深入员工内心还需要配套的制度落实。公司制度是公司员工共同的行为准则，一般的制度包括惩罚性制度和鼓励性制度。惩罚性制度是为了明确哪些不能做，而鼓励性制度是引导员工多做什么样的事。公司可以将愿景和价值观所倡导的内容以制度的方式加以引导和鼓励，一旦做出成绩，马上进行表彰，自然会使这样的事越来越多，如此潜移默化中将愿景和价值观深入员工的内心。

共同的愿景和价值观让员工牢牢地聚在一起，朝着同一个方向和目标前进，将员工的个人目标和企业的未来发展结合在一起，实现双赢。企业的愿景和核心价值观通过沟通和恰当的制度建设深入员工内心，激发员工的激情和力量，激发企业的活力和生机，最终实现企业和员工的共同愿景。

激励技巧和要点

· 将愿景和价值观化虚为实。愿景和价值观都是虚设的理论化的东西，只有将愿景和价值观变为墙上的制度，变为操作准则，变为服务标准，变为产品要求，才能让员工在实际的工作中领悟它，认可它，最后为之奋斗。

·将愿景和价值观传递出去。传递的方式可以是沟通，可以是制度，可以是榜样引导，管理者要主动寻找方法，将愿景和价值观的核心呈现给员工，让员工时时刻刻接触它，并记住它，最终成为员工的行为规范。

◎把饼画大，员工所得也将变大

“画饼”这个词猛一听是一个虚无缥缈的东西，似乎带有一定的欺骗性。但是一个好的管理者要会“画饼”，善于“画饼”，管理者要经常给员工描绘公司的美好未来，以及未来公司的发展会给员工带来什么样的好处。

“画饼”其实就是一种员工激励手段，在一个企业中，领导给员工“画饼”，上级给下级“画饼”，饼画得好，画得大，可以帮助公司渡过困难时期，可以激发员工的无穷动力。

“画饼”要和“水涨船高”连在一起，管理者要在“画饼”的时候，将企业的未来描绘得光明且伟大，还要告诉员工那时公司会给他们什么样的待遇以及职位，这就叫作“水涨船高”。

在合理的范围之内，不要介意把饼画大。只有饼越大，公司的未来才越美好，员工分到手的饼才会越多，对于员工的刺激就会越大，当公司的未来利益牵扯到员工的个人利益时，他们才会迸发出前所未有的工作热情，努力把饼做成，让梦实现。

我们经常听到某某公司成功上市，连原来的前台客服都成了百万富翁的故事，这就是一个极好的“画饼”故事，所以不要介意把饼画大，只要努力拼搏，有些梦是可以实现的。

当然，虽说“画饼”能够激励员工，但是“画饼”也要遵守一定的原则和技巧，否则“画饼”不但起不到激励作用，反而会使员工丧失对公司的信心。

一、要让员工偶尔尝尝“饼”味

有很多企业的管理者一味地沉迷于“画饼”之中，单纯地认为只要把饼画得又大又美，就可以激励员工不停地工作，不停地为企业创造价值，所以他们就一直“埋头苦画”，至于什么时候让员工们尝尝饼味，他们从未考虑过。久而久之员工们内心就会迟疑，他们为了公司的“饼”努力工作，可最终连个饼渣都没看见，时间一长员工们必然会对公司丧失信心，甚至跳槽离开。一家只靠谎言的公司绝不会凝聚人心。正确的做法是管理者要不时地拿出一小块“饼”分给员工，可以是奖金，也可以是福利，总之不时让员工尝尝甜头，这样员工的激情才不会熄，信心才不会失。

二、告诉员工怎么做才能拿到“饼”

管理者画完饼之后，还要告诉员工如何拿到这些饼，针对企业目标为每个员工制订工作计划，帮助他们明确工作内容，让他们知道在某个时间段要做什么并达到什么目标，这样员工才有了努力的方向。每个员工的小目标的达成会促使整个公司大目标的达成，员工的“小饼”最终会汇聚成企业的“大饼”。

三、“画饼”要持续而渐进

管理者决不能只画一次饼，而是要不断地“画饼”。在不断“画饼”的过程中，要具体描绘每个饼的“味道”“形状”，而且画的饼要呈现一种递增的趋势，饼要越画越大。要让员工明白自己越努力工作，得到的饼的层次越高，这样员工才会拼尽全力地工作，以期获得那个更大的饼。

综上所述，企业管理者要会“画饼”，虽说饼越大越好，但一定要在合理且能实现的范围之内，否则“饼”就只是纸上“饼”，永远出不了“锅”。

激励技巧和要点

·“画饼”要大。饼越大，员工的收获越大；饼越大，员工的干劲越足。

·“画饼”要实。饼切记不要“虚”，要根据本企业实际，制定可实现的目标。

·“画饼”要有延续性。不能只画一个最大的饼，要把饼越画越大，从小目标逐渐变成大目标。

·“饼”要兑现。企业不要一味地“画饼”，每过一段时间要拿出一块“饼”分给大家，让员工看到实现目标的可能、拿到回报的真实性。

◎企业承诺员工的，应当说到做到

诚信守诺是一个企业的生命，是一个管理者的名片，要想成为一家成功的企业，成为一个优秀的管理者，必须要有“说到做到”的态度。然而在现实生活中，有很多企业做不到一诺千金，做不到有承诺必兑现，这成为了影响企业员工忠诚度的一个关键因素。

摔倒了你可以马上爬起来，失去诚信，你可能一辈子也挽回不了。做不到的事情一定不能承诺，承诺过的事情一定要做到，一定要让员工感受到企业的诚信守诺。如果遇到突发状况不能兑现，也要向员工作出说明，并在条件允许时兑现给大家。

有一家小公司，这一年他们的业绩不是很好，经理很是忧虑，为了提高销量，经理在一次员工会上承诺，只要今年的业绩比去年多10%，年底每个员工的奖金翻一倍，明年每个人的工资涨500元。

重赏之下必有勇夫，看在钱的面子上，全公司上上下下都全力以赴地工作，每个人都把自己的目标记在心里，到年底一统计，销量比去年多了25%，全公司一片欢腾，可到了年底发奖金时，经理借口今年的成本上涨，利润减少，每人只多发了1000元，至于涨工资更是提都没提，员工们的意见很大。

该公司所属的行业一直在走下坡路，来年公司的业绩又不好，经理故伎重演，又一次许以"高官厚禄"，员工半信半疑下选择再相信一次，于是又努力了一年，再次完成了公司目标，但经理依然没能兑现全部承诺，这下员工们彻底失望了，纷纷选择跳槽，公司的销量一落千丈，最终被行业淘汰。

企业如果想通过承诺来激励员工工作，那么一定要讲究技巧，一定要说到做到，建立一个诚实守信的企业文化。企业用承诺刺激员工一定要注意以下几点。

一、承诺内容明确

企业对员工的承诺一定要内容明确、要求明确、目标明确，在与员工充分沟通的基础上，制定出一个可量化、易考核的目标，一定要避免虚化的笼统的目标，以免影响承诺的兑现。比如，给销售人员的承诺是："只要你能完成20万的销售目标，就可以拿到额外的1000元奖金。”承诺：“只要你这个月的销量完成得好，那么公司会给你一笔奖金。”其实这样的承诺不具体，不量化，后期很难界定和执行。

二、承诺要公开兑现

对于完成公司目标的员工，公司在兑现承诺，发放奖励时，一定要做到公开公平，要在公开的场合进行表彰，既兑现了承诺，又在一定程度上鼓舞和刺激了其他员工。

三、建立严格的兑现制度

建立和完善兑现制度，对“说到做到”进行制度保障，督促兑现制度的落实情况，努力树立诚信的企业形象，将诚实守信贯彻到公司发展的各个时期、各个部门、各个环节，坚决做到“一言既出，驷马难追”。

兑现一个承诺胜过喊十句口号，有诚信的企业才能走得长远，有诚信的企业才能留住员工，有诚信的企业才能凝聚人心。

激励技巧和要点

· 承诺要合理。企业对员工承诺的内容一定要合理，要在员工的能力范围之内，不要给员工一个根本无法完成的目标。

· 承诺要明确。员工达到什么样的目标，给予什么样的奖励，都要量化具体化。

· 用制度规范“承诺”。制定相关的制度，全程监督承诺的履行情况，一旦出现承诺不兑现的现象，立即开通相关的申述渠道，保障员工利益。

第四章
目标激励，看得见的“梅子”

◎将目标与员工利益挂钩

目标是一个企业设定的未来工作成效，对员工能够形成一定的心理引力。很多企业将目标的设定和一定的物质奖励相结合，进一步增大实现目标激励的效果。企业设置合适的目标和奖励能够激发员工的内在动力，促使员工积极主动地达成目标。

建立目标与员工利益的关联，使员工时刻关心目标的完成情况，进而提高员工的积极性，增加团队的凝聚力和向心力，提高团队的战斗力。比较常见的目标与利益相结合的激励手段就是销售提成。企业一般都会规定，只要员工能够达到什么样的销售额就能得到什么样的物质奖励，这就是将目标与员工的个人利益紧紧绑在一起，以员工的实际利益来促进目标的完成。

有这样一家酒楼，管理混乱，业绩很差，员工的工作总是敷衍了事，只要不是自己分内的事绝不做。比如有客人问传菜员怎样取餐具，传菜员拒不理睬，最多说一句“去问服务员”，有这样的服务态度生意自然会越来越差，甚至到了“关门”的边缘。

为了扭转这一局面，老板专门聘请了一个管理人才来经营酒楼。经过两年的发展，该酒楼在全国已经有了十五家分店，业绩突出，他的秘诀就是运用了目标与利益挂钩的方式进行管理。这家酒楼有这样一个新规定，只要一家门店的日营业额达到规定的金额，门店内的全体员工都能拿到50元的奖励，在这样的目标加奖励的刺激下，所有员工都变得积极主动，不管是不是自己的工作，只要力所能及的都尽力完成，上到经理下到保洁员，所有人都很关注目标完成情况，所有人为了同一个目标而努力工作，酒楼的业绩自然就能越来越好了。

目标与员工个人利益相结合的方式能够调动员工的积极性，对于目标的完成具有积极的促进作用，但是为了将作用发挥到最大，应该坚持一定的原则。

一、严格目标考核，及时兑现奖励

一旦牵扯到员工的利益就要慎之又慎，就要严格标准，否则不光激励的效果达不到，还会引起员工的不满。所以首先要严格目标考核，对于目标的制定一定要明确，对于员工的工作成绩要经过严格的考核，达到标准的方能获得奖励，达不到标准绝不兑现奖励，管理者不能优亲厚友，不能搞亲疏分别；其次要及时兑现奖励，满足员工对个人利益的诉求。员工经过考核达到目标标准，一定要按照事先讲明的奖励进行兑现，如果拖延或者不兑现，那么以后的目标激励对员工将没有任何效果。

二、制定的目标合理

企业在制定目标时，可以参照以前的工作情况，以及员工的个人能力，或者直接让员工加入目标的制定中来，制定出合理的目标，再为目标配备合适的奖励，发挥出最大的激励作用。另外企业在制定目标时可以适当地提高目标，这样可以给予员工适当的压力，因为有压力才会有动力，有动力才会提升能力，当然这个高目标也要在合理的区间内。太高的目标会让员工望尘莫及，失去追求的动力，而过低的目标又无法激起员工的欲望，也不利于企业目标的达成。

激励技巧和要点

· 将目标与利益挂钩要保证目标与奖励明确。只有目标明确才能使员工有努力方向，只有奖励制度明确才能让员工有动力，只有员工知道什么样的标准可以得到什么样的奖励，才会在心里给自己设立一个预期。

· 将目标与利益挂钩要保证考核严格，奖励及时。只有严格的考核，才能让员工心服口服；只有及时的奖励，才能让员工更积极主动，才能让那些没有达成目标的员工心生羡慕，才会激起他们的好胜心，才会让员工们更努力地工作。

◎ 高目标＋“我觉得你能做到”

目标的制定是一门技术，也是一门学问，在制定目标前要充分了解本公司的状况，团队的工作效率以及员工的个人能力，只有在了解的基础上才能保证制定出合适的目标，才能保证目标的激励性。

目标的合理性是第一位，但是在合理的范围内，制定较高的目标给员工增加压力，反而会收到不错的效果。比如一个人可以挑 100 斤，如果我们给他布置了 60 斤的任务，他就会很轻松，久而久之，他会丧失挑 100 斤的能力；而如果我们给他布置 110 斤的担子，并鼓励他，在他完成后可以渐渐加码，最终他会拥有挑 200 斤的能力。所以一个合理的高目标很重要，但是高的目标会给员工比较大的压力，很容易让员工退却，不过这时管理者的用心鼓励，比如“以你的能力完全可以胜任，我相信你可以做到”这样的话语，就可以让员工勇于尝试，逐渐提高自己的能力。

合理的高目标加上鼓励的话语之所以能产生良好的效果，是因为这样的组合会让员工感觉自己的能力得到了领导的肯定，而且对于自己有很高的期待，在这样的刺激下员工自然而然会竭尽全力去完成目标。

商林所带领的销售一部的业绩一直不太理想，他仔细分析过团队成员，发现每个员工的能力都很不错，但是业绩就是一直上不去，根本完成不了上级定的目标，对此他很苦恼。为了解决这个问题，他专门找到另外一个销售经理，向他请教。当听了他的来意，那位销售经理想了想说："其实你部门的情况我有所耳闻，究其原因在于你的团队目标制定得不合理，我们销售各部的月销售额都是上级下发的，你对于下发的目标从不否决，直接接受，这是不行的，就拿上个月的目标来说，严重不符合实际，现在进入淡季，且今年市场行情不如去年，上级还是以去年的销售量为依据来制定现在的目标，显然不可能执行。"听了这段话，商林思考良久。

等到下个月下发目标后，商林据理力争，为自己争取到了一个合理范围内的较高目标，员工们在听到这个目标后，心里的第一反应是目标虽不离谱，但完成还是有一定的难度。商林看着自己的员工说："对于之前的事我要道歉，没有为大家努力争取，现在的目标已经是我尽全力争取到的，我相信我们可以完成，如果这个目标再完成不了，我们销售一部解散也罢。"最终这个较高的销售目标顺利达成，员工们的自信心也回来了。

高目标加鼓励话语的方式想要取得好的效果，还要注意以下两点。

一、切记目标不能过高

离谱的高目标会让员工们丧失信心，只有合理的高目标才会产生激励作用。企业可能都有一个宏伟的目标，但不要一下将目标制定到位，那样可能会"吓坏"员工，可以将目标一步步往上提高，逐渐达到最初设定的高目标。

二、给予相应的奖励，促进高目标的达成

人的本性是避重就轻，如何让员工勇于挑战高目标，除了积极的鼓励外，还应该设立相当的奖励，将目标与奖励结合起来，激发出员工的勇气和动力，最终促成高目标的顺利完成。

激励技巧和要点

· 高目标与鼓励搭配能够留住人才。高目标代表着更大的挑战，而挑战成功代表着员工能力的提升，员工在实现高目标的过程中也实现了自己的人生价值。能够在公司中提升自己，实现价值，自然会留住人才。

· 高目标与鼓励搭配需要设置合理的目标。所谓目标的高是在合理范围之内的高，通过实现一个高，进而攀登下一个高，并为每一个高目标设置一个合理的奖励，这样的激励组合才会让高目标轻易实现。

◎目标制定的基本原则

目标是一个企业或个人前进的方向，是努力的结果，企业制定目标是为了凝聚全体员工，让所有人朝着一个方向奋进，一个好的合理的目标能够成功地激发员工的热情和创造力，能够为企业的发展增添活力。

企业的目标想要达到激励员工的目的就必须遵守一定的原则，下面分析一下制定的基本原则。

一、制定的目标要明确

所谓的目标就是眼睛看到的方向，看到的标记，所以目标的制定必须是明确的、具体的，要让员工知道自己将要干什么，将要达到什么样的结果。制订的计划不光要目标明确，实现这个目标的步骤也要明确，步步为营，直达目标，而目标最好有一个量化的标准，比如销量达到90%，利润增加10%等，这样的目标可以让人一目了然。

二、目标要大胆而详细

常言说得好：目标定得高，即使最后完不成目标，所达到的结果也不会太差，而且一个高标准的目标对于员工的激励作用更大，因为实现的目标越大，员工获得的利益也就越多；目标还要详细，要有分解步骤，最好是将大的目标分解为每个时间段应该完成多少，每个员工应该完成多少。比如，公司制订了今年的销售计划，计划超过去年销量的 50%，总目标制定后，要把目标进一步细化，超过 50% 就是多销售 6000 吨，分布到 12 个月就是每月多销售 50 吨，越详细的目标执行起来才会越容易。

三、制定的目标要切实可行

企业制定的目标必须务实，必须是基于企业的目前现状和能力再做出规划，不能好高骛远，把目标定得过于远大，因为在执行起来时容易让员工迷失方向，在完成目标的过程中容易挫败员工的激情。比如，一家公司年初的时候制订了全年的计划是占领同类市场的 50%，而该公司现有的市场占有率只有 15%，这样的目标就不切实际了，结果在员工们努力实现目标的过程中发现，目标离自己越来越远，而时间却明显不足，在实现无望时很多员工直接放弃了目标。

四、制定的目标要有一定的挑战性

既然是企业目标，就是希望达到的结果，而且必须是经过努力后要实现的，目标的完成能够促进企业的发展，能够让企业的实力更上一个台阶，如果制定的目标只需按部就班地工作就能够实现，那么相比于过去就没有提升，这个目标的制定也就失去了意义。比如，一个企业今年完成了销量 500 套，但是在制订明年的计划时，只需完成 520 套就可以了，那么这样的目标就完全不具备挑战性，也激不起员工的斗志。

五、制定的目标必须有时限

既然是目标就要规定实现目标的期限，诸如一个月内或一个星期内实现目标，制定的目标只在规定时间内有效，超过一定时间目标就失去了意义。比如，公司制定的销售目标，都会有一个期限，一个月内完成 20 万的销量，如果这个目标没有期限，一年内完成也行，半年完成也行，那这个20万的目标毫无意义可言。

企业目标的制定对于一个企业的发展至关重要，就像攀爬台阶，每一级台阶都是一个目标，目标支撑着企业一步步达到顶峰。

激励技巧和要点

· 制定的目标要切实可行。可行的目标才能引导企业的发展、引导员工的工作，一个不切实际的目标不光起不到激励的作用，反而会让员工迷失。

· 制定的目标要明确而具体。目标要有详细的实现计划，把目标细分到每个时间段，细分到每个部门、每个员工，这样的目标指导性才强。

◎ 目标的阶段性验收与最终达成

每个企业都有一个美好的愿景，一个远大的目标，就像苹果电脑公司制定的“让每人拥有一台电脑”的目标，福特汽车公司制定的“让每个家庭有一辆轿车”的目标，宏伟的目标可以让人振奋，可以为人指明方向，但是宏大的目标有时会让人感到迷茫，让人不知所措，影响人的积极性。

宏伟目标是复杂的，只有将大的目标分解为一个一个小的目标，才会让员工看到实现的可能性，才能促进总目标的完成。只有采取阶段目标与最终目标相结合的方式，通过一个个阶段性目标的实现，才能达到激励的目的。

从前有个勤奋的农夫住在山脚下，他每次辛勤劳作完，看到面前的这座大山，就会感慨“如果我可以登上山顶，看一看风景就好了，山顶的风光一定无与伦比”。一天，农夫下定决心要爬上去，他爬啊爬，爬了一上午，当他抬头向上看的时候才发现，距离山顶依然很远，他顿时就泄了气，垂头丧气地回了家。

失败后的农夫依然感慨，依然向往山顶的风光，他逢人便说自己的理想。一天，一个智者听说了农夫的故事，找到了他，告诉农夫在山上的300米高处有个漂亮的花海，于是两人很快来到了花海旁，瞬间美丽景色映入眼帘，使农夫忘记了疲劳。接着智者又说再向上500米，有片美丽的枫树林，此时去看再美不过了，于是他们又赶往了下一个地方。就这样智者为农夫设置了一步步向上的目标，当黄昏来临，农夫终于登上了山顶，看到美丽的落日。

通过阶段目标的实现来最终完成总目标，一定要注意以下两点。

一、实施有限控制，组织阶段性验收

目标管理本身就是一种控制性的方式，通过阶段性目标的实现来保证总目标实现。将总目标分解为阶段性目标，并不是将任务分下去就不管不问了，这样的阶段目标管理形同虚设，不利于总目标的实现。

管理者对于每个阶段的目标要及时跟踪、经常检查，定期对比工作完成情况，如果发现工作中的错误要及时纠正，在阶段目标实现后要组织专人对结果进行考核验收，确保阶段目标保质保量地实现，只有这样才能促进总目标的达成。

二、明确各阶段目标，明确阶段目标完成标准

总目标和阶段目标要清晰明了，阶段目标的完成标准都要详细可行，并将这些目标和内容传到每个管理者和员工的心里，让员工们做到心里有数。目标的明晰，会使员工知道自己应该干什么，应该达到什么样的效果；标准的明晰，一方面方便了员工的自我管理，另一方面方便管理者对阶段性目标实行有效控制、有效监督、有效指导和有效验收。

现在有些企业在将总目标分解后，过度重视阶段性目标的实现，而忽

略了总目标的规划性和方向性，最终可能导致阶段目标实现了，但总目标却与当初的设想出现了偏差。所以企业在控制阶段性目标的同时，仍要以总目标作为方向和指导。

激励技巧和要点

·阶段性目标要具备可考核性。有些企业在设定目标时，不依据客观实际，制定的目标既没有可行性，也没有可考核性。制定的阶段性目标一定要有可考核的量化指标，保证对结果可以准确考核。

·要对阶段性目标实行控制。阶段性目标分发下去以后，管理者要及时跟进和监督，及时指导和纠正，对阶段目标的实现实行有效控制，保证阶段性目标的达成，以及顺利验收。

◎目标下放后应给予员工充分的信任

企业经常组织员工进行拓展训练，其中一个固定的项目就是在安全设施保护下，一个人背对人群，直挺挺倒下去，看看谁能充分信任身后的人会接住自己，这就是团队信任度的培养。一个好的管理者会将目标的管理权下放给员工，让员工在这个目标实现的过程中拥有绝对的自主权，如此充分相信自己的员工，对于目标的实现具有积极的作用。

对员工信任可以激发员工的潜能，让员工感觉到自己被重视，让他们相信自己处于公司的中心而非边缘，让他们知道自己所做的一切都是有意义有价值的，激励他们勇于承担责任，积极主动参与到公司的发展中来。

所谓的“用人不疑，疑人不用”就是对信任的最好解读，充分相信自己的员工所带来的好处是巨大的。

一、给予员工充分的信任能够激发员工的主动意识

当员工获得了目标管理的权力后，会积极主动地寻求实现目标的方法，促进目标的快速实现。比如，一个公司想要将企业近两年的财务资料整理出来，计划时间是两个月。目标制定后，经理直接找到了财务小张，告诉他务必两个月内完成，在这两个月内公司的资源随他调配。接到任务的小张马上开始分析目标，应该先做什么后做什么，然后连夜制订出详细的计划，最终只用了一个半月就完成了任务。

二、信任员工能够培养员工的责任感

员工一旦有了责任感，对于工作就不再只是简单完成即可，他们会努力将工作做到最快最好，比如，小王是公司一名普通的程序员，却接到了经理的一项大任务，就是为公司设计一个内部沟通传讯系统，同时经理给予他绝对的信任，这给了小王莫大的鼓舞。很快，他借鉴大量类似系统，并加上自己的创新，最终设计出来的产品不光有简单的传讯功能，还增加了网上办公系统和远程会议系统，让经理大吃一惊。

充分信任自己的员工有利于目标的实现，但是信任员工也要遵循一定的原则。

首先，既然选择将目标下放，就要完全相信员工的能力。不要在员工实现目标的过程中指手画脚，影响到员工的目标控制。假如中途遇到问题时，要给予员工处理问题的自由。

其次，管理者虽然信任员工，但是对于目标的实现要关注。要根据自己的资源和能力收集目标实现的办法和途径，以备在员工需要的时候提供支持，在员工遇到困难而又无法解决时，积极指导、引导员工找到解决问题的办法。

最后，信任可以激发一个人的创造性，可以使其更积极主动地去寻找解决问题的方法，并在实现目标的过程中能时时检查自己的行为，努力实现自我控制，尽快实现目标。

激励技巧和要点

·信任可以激发员工的责任感。责任感是干好一切的基础，当员工有了很高的责任感后，就会将企业目标与个人目标结合在一起，工作起来就会不遗余力。

·信任要做到放与管结合。选择相信员工就是给予员工充分的自主权，相信员工解决问题的能力，但是又不能完全不管，还要密切关注工作的进展，在员工需要时提供帮助，引导员工解决问题，最终实现目标。

◎让员工自己给自己定目标

小米手机作为一家没有悠久历史的企业，却能在短短的时间内迅速占领国内手机市场，主要是因为小米手机倡导的“让用户设计手机”的理念，小米手机是唯一征求用户意见进行手机设计的公司，这样设计出来的手机当然广受欢迎。

很多企业管理者一直苦恼于给员工制定的目标不能完成，抱怨员工对于公司给予的目标总是积极性不高，从不强迫自己必须完成目标。其实管理者们在制定目标方面也可以学习小米手机的经验，让员工参与到目标的制定中来，让员工自己给自己制定目标，因为对于自己定的目标员工将会全力以赴。

作为销售部的主管已经一年了，王峰常常苦恼于自己给员工制定的目标总是完成不了，大大影响了公司对于自己的评价，虽然经常思考但一直找不到解决的方法。一天和一个学管理的朋友聊天，他将自己的苦恼说给了朋友听，朋友告诉他可以试试让员工自己制定目标，王峰很疑惑，朋友接着给他介绍了方法。又到了月底做下月计划的时候了，员工们照常等着开会领任务，但是王峰却把他们一个个叫到了办公室。

王峰对第一个进来的员工说："小张，你这个月只完成了计划的70%，而且已经连续三个月没有完成目标了，这样吧，我也不给你目标了，你感觉自己能完成多少，自己定个目标吧。"

小张惊住了，看了王峰一会儿才说道："我觉得下个月可以完成8000吨的销量。"

王峰听后说："这个量也只是计划的85%而已啊，我其实仔细研究过你的几个客户，他们都很有潜力，只要你再挖掘挖掘，绝对可以增加销量，有什么困难我会帮助你的。"

小张想了一会儿说："如果再开发开发的话，应该能销10000吨吧。"王峰心中一喜，这个销量已经超过计划了。就这样王峰让每个员工都自己定目标，最终在下个月末，部门的销量超过了计划，是近一年来业绩最好的。

让员工自己给自己定目标很容易取得好的效果，这主要是因为以下两点。

一、让员工自己定目标，能够找到最适合员工的目标

既然公司的目标最终必须要员工去完成，那么为什么不让员工参与到公司目标的制定当中来呢？只有员工积极参与进来，结合自身的能力和部门的情况，才能够制定出最适合员工的目标。这样的目标一般既不会太高，也不会太低，属于跳一跳就可以完成的目标。但是作为管理者也要注意，在员工制定目标的过程中要加以控制和引导，对于那些过高和过低的目标要及时地纠正。

二、员工自己制定的目标，能够最大化地激发热情

员工参与到目标的制定中，一方面会感到被企业重视，心理上得到了满足；另一方面，既然是自己制定的目标，如果完不成就没有客观原因可找了，这样必然会激发出员工的内在能动性，想方设法地去完成目标。

让员工自己定目标，不光能制定出最符合员工能力的目标，还会充分激发员工的主动性，不再需要管理者的监督和引导，形成公司上下一心齐努力的和谐氛围。

激励技巧和要点

· 员工自己定目标能够激发员工责任感。既然是自己定的目标，就没有不完成不做好的道理，在这样的心理驱使下，员工将不需要任何人的监督和督促，就能很好地完成目标。

· 员工自己定目标必须客观可行。不排除有的员工制定目标时会过于盲目，定的目标可能过高或者过低，此时管理者就要加以引导，帮助他们建立切实可行的目标。

◎将目标公示，制造无形的压力

企业制定的目标就是全体员工努力的方向，是全体员工全力以赴要达到的目的。一旦企业的目标制定出来就要大力宣传，将目标公开。如果企业目标制定了却只有少数的几个管理者知道，而不让全体员工知道，那么就不能转化为员工的行动力，不能将企业目标转化为个人目标，不给每个员工压力的话，那么目标的制定就失去了意义。

目标的公开要选择多种方法，尽可能将目标深入员工内心，给员工造

成一定的压力，有了压力才有向前的动力。公开可以选择以正式文件的方式下发各个部门，让每个员工看到，正式文件确定的目标会更正式，更有权威；可以用培训会的方式公开，培训讲师将会对目标分析得更加详细，让员工有更清晰的认识和理解，培训会参加的人员多，还可以形成交流的氛围，将目标扩散得更快；还可以让各个部门的管理者一对一、一对几个员工面对面宣传，这个方式的最大好处是管理者可以把自己的理解加入目标中，由于同属一个部门，对于目标的理解更能产生共鸣，也更能形成统一的意见。

有这样一家公司，其中的销售部为了将目标深入人心，让员工感受到一定的压力，在每个月初，销售目标制定出来之后，都会把目标放在员工必经之路的一块标示倒计时的大屏幕上，这块屏幕的数据时时更新，只要完成一单，目标总量就会减少，而且还会滚动播报每个销售员的销售数据，这款大屏幕就像一把宝剑悬在每个人的心里，无时无刻不在提醒每个员工，这个月的目标还剩多少，自己的销售目标还剩多少，时刻催促着他们全力以赴地工作。这个举措的效果出奇的好，每个月都能完成销量，甚至超过计划数，成为业内的传奇。于是乎越来越多的公司开始效仿这样的做法，也都收到了不错的效果，这就是公开目标给员工制造压力的效果。

目标的公开想要取得好效果必须要遵循一定的原则，掌握一定的方法，否则效果不明显，甚至起到反作用。

一、公开的目标要尽量细化、量化

上面案例中的大屏幕之所以取得了如此好的效果，一个重要原因就是公司公开的目标是数字化的，大屏幕上的数字对于员工的激励作用最为明显，所以公开的目标要转变为具体化的数量。不要只是告诉员工我们今年要比去年更好，要超过去年的销量，要做龙头企业，这样的目标员工是不会印象深刻的，必须把这些目标具体到销量是多少，销售额是多少等类似的数据，甚至可以细化到每个员工每天应该完成多少任务，只有这样的目标才会给员工压力，这样的目标公开才能起到效果。

二、目标的公开还要把握合适的时机

目标的公开要根据实际情况选择公开的时机，不是越早公布越好，也不是越迟越好。比如，一家公司根据公司的发展能力，制定了一个目标，即年底超越同行另一个企业的市场占有率，但在大部分员工看来这是不可能的，因为两家企业还有不小的差距，这时不适合公布目标，这样起不到激励的作用，而是分割目标，在目标逐步有望达成的时候公开目标，才能够激发员工更大的能量。

激励技巧和要点

· 公开的目标要具体。目标最好是具体的数字，只有数字才是最容易理解和把握的，只有数字才具有极强的压迫感，促使员工朝着这个数字努力。

· 目标的公开要选准时机。不同的目标有着不同的公开时机，不宜过早也不宜过迟，只有时机准确才能起到最佳的激励作用。

第五章
晋升激励，善于提供广阔的发展机会

◎制定完善的晋升机制及标准

每个企业都有自己的晋升制度，一个完善的晋升制度是一个企业留住人才的关键，是一个企业得以发展的关键。完善的晋升制度对于员工具有极强的激励作用，员工通过晋升被提升到新的职位，拥有更多的责任和权力，能力得到认可，才能得到施展，物资报酬得到提升，这些对于一个员工都是极强的刺激。

完善晋升制度应该从三个方面着手：

一、针对每个岗位制订详细的晋升计划

比如，公司的文员岗位向上晋升是行政助理，再向上是行政主管；销售员向上是销售主管，再向上是销售部经理。如此清晰地一步一步晋升岗位，相当于给员工制订了详细的个人晋升规划，使员工目标更明确。

二、为员工每一级的晋升条件制定详细的标准

制定了详细的晋升途径，但不代表所有的员工都能顺其自然地得到晋升，针对每个职位都要制定详细的晋升标准。比如制定详细的考核制度，对于满足工作年限的员工，人事部门对其进行考核，针对其能力、工作完成情况、素质等打分，最后汇总达到晋升条件的才能予以晋升。

晋升标准一般包括晋升职务所需要的资格要求、职务的能力要求和绩效要求，其中任职资格主要是考察员工的学历、专业和行业年限等。

三、晋升制度坚持双向流动原则

一个只上不下的晋升制度对于员工的刺激性不强。当一个员工晋升到一定位置后，如果升迁对其不再有激励性的话，很容易造成尸位素餐。所以晋升渠道不应该只是简单的正向流动，还必须建立向下的反向流动，形成一种能者上、庸者下的健康流动的人才晋升制度。

晋升制度的建立还应该遵守几个原则，才能把晋升的激励作用发挥到最大。

一、坚持德与能齐

一个人的道德水平是其发挥才能的前提要求，企业在选人用人的时候不要打着唯才是举的旗号去重用和提拔一些道德水平低的员工。一定要注重对于员工道德水平的考察，一旦让才高德寡的人得到晋升，将对公司的风气造成极大的负面影响，甚至打击其他员工的工作积极性。比如，曾经有家公司有个很有能力的销售员，每个月的销售量都是公司第一，但是此人有个最大的缺陷，就是太自私，不能和别人分享自己的成功经验。公司为了留住他而把他升为主管，但是他升为主管后依然我行我素，当有其他员工向其请教经验时，他从不分享，导致他的团队中只有他的业绩好，其他员工的业绩一塌糊涂，团队氛围也是乱七八糟。

二、晋升机会对所有员工均等

企业要为员工设置公平的平等的晋升机会，就要晋升制度明确，晋升标准公开。只要能够达到标准，员工就能得到相应的晋升，不论亲疏远近，不论背景资历，真正做到平等，才能真正激发员工的工作积极性。

三、正常晋升与破格晋升相结合

正常晋升给予员工明确的目标，避免了晋升的盲目性，可以激发员工的上进心，但是对于公司急需的稀有人才、特殊人才，完全可以破格晋升而留住稀有人才，避免了企业人才的流失。比如，一家建筑公司自己培养出来的高级焊工，像这种稀缺的人才是整个行业急需的，就要进行破格提拔，否则就有可能被其他公司挖走。

激励技巧和要点

· 晋升制度的完善必须途径清晰。让每个员工都能清晰看到自己努力后的结果，看到每一级晋升的职位是什么，使所有的一切都是一目了然。

· 晋升制度必须严格按照晋升标准执行。完善的晋升制度还要有清晰的晋升标准，员工知道自己距离下一次晋升还差什么，还需要在哪些地方改进，而一旦达到标准必须得到晋升，这样的晋升制度才能激起员工的上进心。

◎给每个人均等的机会

企业的晋升制度是一个重要的激励政策，但是企业的晋升职位是有限的，不能像物质奖励一样惠及全体员工，因此，那些得不到晋升的员工很容易对公司产生怀疑，怀疑自己的努力不被公司认可，自己的付出得不到相应的结果，这就很容易给公司造成消极的影响。

怎样设计晋升制度，既能保证激励员工，又能减少部分没得到晋升的员工怨气，在公司内维持一个积极的正能量的氛围？

著名的职业经理人吴士宏女士用自己真实经历为我们揭开了谜题。在刚刚进入 IBM 公司时，吴士宏只是一名最底层的保洁员，没有高学历的她渴望更好的工作，她一步步从保洁员，做到销售员，再到地区负责人，最后做到了中国区总经理。在她的励志故事中，我们除了看到她的个人努力之外，还应该看到 IBM 公司的晋升制度给予了全体员工平等的晋升机会，甚至一个保洁员都可以有自己的职业规划，说明只要有能力你就会有发展机会和空间，这种制度给予了员工巨大的诱惑和鼓舞。

一、企业晋升制度的公平性体现在职位晋升和薪酬晋升相结合

晋升制度中并不是业绩好的就一定要得到晋升，业绩优秀的员工就必须得到表彰，他们是否能晋升到下一个职位，还要取决于个人能力和性格适不适合晋升职务。所以为了体现晋升制度的公平性，应该建立职务和薪酬相结合的晋升制度，对于有能力担任领导岗位的员工，在其达到晋升标准后及时给予晋升，而对于那些业绩好，对公司有贡献的员工，但又不适合担任管理岗位的，一定要在薪酬上给予提升，从而保证这部分人的积极性。

二、企业晋升制度的公平性体现在不同的晋升渠道

企业针对不同的岗位类型，针对管理岗位、技术岗位、服务岗位等不同的人要提供不同的晋升渠道，从而避免所有的员工只有一条晋升渠道和标准。这一原则还体现了尊重员工的个人意愿，有很多专业技术岗位的人，并不想得到行政权力，如果硬将他们晋升为管理人员，不光会使企业失去一个出色的技术人员，反而多出了一个“不合格”的管理者。多渠道的晋升制度设计，使管理人才、技术人才都有不同的晋升方法，既保证了对员工的激励性，又能发挥他们各自的才能，这也是公平性的体现。

三、晋升制度的公平性体现在晋升程序的公正性

晋升制度的公平性要依靠晋升程序的公正公开来保证。只有程序的公平公正，才能保证晋升结果的公正。程序的公正性可以消除一部分员工的消极情绪，培养员工对于企业的认同度和忠诚度。程序的公正性可以明确员工的发展目标，激发员工的工作积极性。

公正的晋升程序包括事前对晋升条件和范围的宣传，事中的公开，事后随时接受其他员工的监督，做到晋升程序的公开和公示，保证全过程严格透明，才能得到员工的认可。

· 晋升制度的公平在于制度建设的完善。只有给予不同员工、不同岗位同等的晋升机会，才是在制度层面上保证了机会平等，才是晋升公平性的最重要体现。

· 晋升制度的公平在于晋升程序的公平。古语说：“不患寡而患不均。”只有平等才能取得人的信任，晋升前的标准公开，考核中的公开透明，严格按照晋升标准考核，事后结果的公示，让其他员工随时监督，全程参与，才能让员工感到被尊重。

◎ 用非职务晋升激励员工

晋升是对一个员工的工作成绩的肯定，也是对其未来工作的期望和激励。但是职位晋升的机会毕竟是有限的，会出现业绩出色的员工得不到晋升的情况，这样很容易造成员工积极性的丧失，甚至造成人才的流失，给企业造成严重的损失。如何避免这种问题的发生？其实非职务晋升也是一种不错的解决方案。

所谓的非职务晋升是指在不晋升员工职务的前提下，其现有的工作内容和所属部门不发生改变，只是对其职务名称进行提升，以此来激励工作出色的员工，简单来说就是职务不变而职级发生变化，待遇福利提高。非职务晋升不光增加了员工的晋升途径，还让员工根据自己的能力和特点制订自己的发展规划，帮助企业留住人才。

非职务晋升不光解决了公司晋升途径单一的问题，还能在实施的过程中激发员工的积极性。对于不能够担任管理岗位的技术型人才更是一个全新的发展模式，能够起到保留优秀员工的作用。

有一家公司对于销售员这个岗位就设置了六个级别，刚刚进入公司的销售人员从最低级别做起，每个级别的晋升都必须达到现级别满两年，而且每年的考核都必须达到 90 分以上，满足了上述两个条件后，就可以晋升到下一个职级，相应的薪酬标准也将提高一个级别，而对于没有达到这两个条件的销售员公司将不予以晋升。当销售员的级别达到 3 级以上后，就具备了晋升销售主管的资格，当然还要达到销售主管职务要求的其他条件。这样的制度不光调动了员工的积极性，还能够满足员工对于薪酬提升的要求，一定程度上留住了优秀员工。

一、统一的考核条件是非职务晋升的前提

任何晋升制度都必须要有统一严格的考核标准，这是制度能够长久的保证。统一的考核标准能够消除各部门因为标准不一造成的矛盾，从源头保证晋升的公平；统一的考核标准还有利于人事部门对于员工的管理和操作，很大程度上避免了人为的干扰。综上所述，统一的考核制度可以简化人事部门的考核工作，减少工作中的徇私舞弊，减少员工的负面情绪，形成一个公平公正的晋升环境，提高员工对于企业的忠诚度。

二、将非职务晋升与薪酬增长结合起来

非职务晋升不能满足员工对于职务提升的需求，那么就必须满足员工对于薪酬增长的需求，所以非职务晋升必须配套相应的薪酬增长体系。但是非职务晋升毕竟只是晋升了级别，员工的工作内容和难度都没有发生变化，所以薪酬的增长要采取稳扎稳打的策略，不易增长过快，实践证明，5%~10% 的薪酬增长幅度是比较合适的。

三、非职务晋升要嵌入到清晰的员工发展规划中

非职务晋升毕竟只是员工短暂的晋升计划，增长的也只是员工的薪酬待遇，如果对于员工的整个职业生涯规划不清晰，依然会使员工感到迷茫。每个阶段的非职务晋升后都应该有下一个阶段的职务晋升标准，只有阶梯分明才能让员工对自己的未来发展充满希望。

激励技巧和要点

·非职务晋升必须统一标准。统一的标准既能简化人事部门的考核工作，避免人为干预的因素，又能保证晋升的公正性。

·非职务晋升必须结合相应的薪酬制度。职务晋升可以提高员工的地位，提升员工的权力，而非职务晋升不能给员工带来这些激励，就必须保证薪酬得到增长，这样的制度对于员工才有吸引力。

◎多阶梯晋升，每个人都心存希望

所谓的阶梯晋升就是对于员工的职位升迁设定多个层级，如同上楼梯一般，一步步达到职位的顶点。这样的晋升制度避免了员工的盲目性，将员工的未来发展之路摆在员工的面前，让员工有个清晰的规划，能够激发员工的上进心。

但是传统的阶梯式晋升由于模式单一，导致员工的晋升频率低下，严重影响员工的工作积极性，最终导致员工的流失。面对这种情况，很多企业开始使用多阶梯化的晋升体系，这种晋升体系为员工提供了两条或两条以上的晋升渠道。一般有一条是管理岗位的晋升阶梯，另外的是技术岗位的晋升阶梯，员工可以根据自己的特点和能力规划自己的职业生涯。

著名的联想公司就为专业的技术人员设计了专门的晋升阶梯，包括研发、技术支持、产品和工程在内的技术晋升体系，具体分为三个层级八个小级（见下图），而且每一个技术层级在薪酬待遇上都与行政岗位一致，比如主任工程师级别就相当于公司的总经理级别。

大类名称	各大类小级别		
初级工程师	技术员	助理工程师	工程师
中级工程师	主管工程师	资深工程师	
高级工程师	副主任工程师	主任工程师	副总工程师

多阶梯晋升体系为企业管理带来了很多好处。第一，多阶梯的晋升制度为员工提供了多种发展渠道，尤其是对于没有兴趣管理公司的专业技术人才，这样的阶梯设计帮助他们提高待遇，并获得公司的肯定和员工的尊重。第二，多阶梯的设计提升了员工的忠诚度和积极性，由于这样的设计让每个员工都能从中找到自己喜欢的发展渠道，做着自己喜欢的工作还能同样得到晋升，极大地调动了他们的工作积极性，提高了员工的忠诚度，留住了大量人才。第三，多阶梯的设计最大限度地做到了“人尽其才”，不是所有的人都适合管理岗位，不是业绩突出的员工就能当好管理者，也不是所有的员工都喜欢做管理者，这样的制度充分地让员工的个人才能发挥出来，提高了人才资源的利用率，提高了公司的工作效率。

多阶梯晋升制度的制定必须遵循一定的原则，否则效果将大打折扣。

一、同等级别必须平等对待

在现实企业管理中，虽然很多企业也在使用多阶梯的晋升制度，但是同等级技术岗位人员总是比行政管理岗位的地位低，得不到其他员工的尊重，这种情况的发生将大大削弱晋升制度对于技术人员的激励作用。企业必须从制度上保证技术人员的地位和薪酬与行政管理岗一致，另外为了帮助技术岗位建立权威，可以适当地提高同级别的技术岗位的工资待遇，诸如联想公司就为专业技术岗位提供了更高的薪酬和福利，还要为技术岗位设置足够多的层级，尽量保证技术岗的最高级别达到公司的最高管理层。

二、系统间流动的原则

多阶梯的晋升制度要保证各个体系不是孤立和封闭的，当工作需要时，技术类岗位可以调整为同级别的管理岗位，管理干部卸任后也可以根据能力重新确定为相应的技术岗位。这样的流动性保证了员工更广阔的发展空间，但是要注意的是系统间职务转换必须严格遵守相应的程序和规定。

激励技巧和要点

· 多阶梯的晋升制度要保证平等性。技术岗位在企业中处于天然弱势，制度上要保证技术岗位的地位和薪酬，甚至要高于管理岗位，这样才能保证多阶梯晋升制度对于技术岗的激励效果。

· 多阶梯的晋升制度要保证流动性。各阶梯系统之间可以根据具体工作的需求相互转换，技术人员可以担任同等级别的管理职务，管理者也可以转为技术岗。

◎破格提拔，留住特殊人才的非常手段

所谓的破格提拔，是指对特别优秀的或者有特殊才能的员工，在晋升时适当放宽晋升条件，比如放宽工作年限、学历等方面的任职要求。

假如在一个公司出现了能力出众的年轻人，或者因为特殊情况而急需的人才，为了留住这样的人才为公司所用，就要采用破格提拔的方式使这样的人到更重要的岗位上，发挥更大的作用。如果此时还是按照正常的晋升制度，继续让他们熬资历增长经验的话，就很容易被行业的其他竞争对手挖走，甚至不光会造成人才的流失，还会导致这样的人才反过来威胁到

本企业的发展。

破格提拔会让员工认识到自己在企业中的价值，会让员工看到企业对自己的重视和信任，会大大提升员工对企业的忠诚度。

一个成熟的企业应该建立破格提拔的制度，一旦出现了特殊人才，就启用这个制度，帮企业留住需要的人才。建立这样的制度的好处有以下几点：第一，制度的建立可以避免在这样的人才出现时，人事部门的慌乱，制度会给予他们指导和意见，会让人事部门有一个清晰的思路，节省时间和精力。第二，当企业有了破格提拔制度后，对于有特殊才能的人才是一个巨大的吸引力，一方面吸引企业外人才进入到本企业，另一方面也可以留住本企业内的特殊人才。

小胡是一名普通的电焊工，他很年轻，十分热爱自己的工作。在工作中，他表现积极，有不懂的问题就去请教老师傅，不断地在工作中摸索经验，还报了一个学习班，专门强化自己的技术。就这样，小胡的技术越来越好，三年过去了，他的技术达到了公司里老师傅的水平，但是他不满足，依然努力学习，又是三年过去了，他的技术已经远远地超过了公司的其他师傅，又过了三年，他的技术在整个行业已经属于顶尖。这个时候已经开始有公司来挖他，许给他很高的职位和薪水，但是他犹豫不决，因为自己的公司也在考虑晋升他。很快公司的文件下来了，考虑到小胡太年轻，虽然在公司干了几年多，但只有27岁，按照公司晋升制度只能提升为焊工班班长。小胡很失望，最终选择了离开公司，在其他公司的岗位上他不懈努力，不断给公司创造价值，而小胡的原公司在他离开后的竞争力大大下降。

虽说是可以破格提拔，但还是要遵循一定的规则。

一、提拔过程透明，得到员工的认可

破格提拔对于其他员工，尤其是同岗位的员工来说会有很大的刺激，如果处理不好，很容易造成部分员工的不满。所以破格提拔的过程必须全程透明，将破格提拔的原因公之于众，这样可以在一定程度上消除其他员工的消极情绪。

二、充分尊重员工的个人意愿

破格提拔虽说在职务和薪酬上给予员工很大的提升，但是必须与员工充分沟通，了解员工的个人想法。如果员工还想在现任的岗位上，就可以只提高其薪酬待遇，因为现实企业中就出现过破格提拔后，员工辞职不干的案例。

三、制订更加严格的考核计划

破格提拔本就是打破常规的事情，必然会受到更多的关注，所以提拔前的考核必须遵循严格的程序，并将考核的结果公示出去，接受大家的监督。

激励技巧和要点

· 破格提拔要保证公平公正公开。破格提拔必然会惹来很多争议，只有坚持晋升过程的透明，执行标准的严格与公平，才能消除其他人的意见，破格提拔绝不能成为某些人任人唯亲的借口。

· 破格提拔要充分听取当事人意见。并不是所有人都想晋升到高位的，也不是所有人都适合晋升高职位，要与当事人充分沟通后形成一个大家都接受的晋升方案。

第六章
竞争激励，一把驱动员工激情的“双刃剑”

◎明确奖惩机制

每个企业都有自己的奖惩制度，奖惩制度是企业管理制度中的重要一部分，企业实行奖惩制度的目的在于促使员工产生竞争意识，进而促进员工积极主动地工作，最终使企业又快又好地发展。

奖励制度是一种正激励方法，是为了表彰工作突出的员工，刺激后进，提高全体员工的积极性；而惩罚制度是一种负激励方法，是为了促进公司规章制度的执行，规范员工行为。明确奖惩机制就是要明确奖惩的条件、奖惩的标准以及程序。

现实的企业管理中，在奖惩制度方面存在着一些问题，主要表现在以下几点。

一、奖惩的随意性较大

很多企业的奖惩只是一些口头承诺，而且事后很难落实，这样的承诺带有很强的个人色彩。比如经理为了刺激员工的积极性，有时候会承诺假如这个月的销量好，就给每人多发奖金，但等到兑现的时候，往往却不了了之，这种没有相关制度约束的口头奖惩极易挫伤员工的积极性。

二、奖惩制度不稳定

有些企业的奖惩制度一年一变，员工刚刚熟悉了这样的制度，来年制度又变动很大，这使得奖惩制度失去了严肃性，也使得员工对于奖惩制度越来越陌生，当员工都不在乎奖惩制度的时候，奖惩就失去了应有的作用。

三、奖惩存在不公平现象

有的企业存在着该奖不奖、该罚不罚的现象，由于制度的不完善，奖惩的随意性较大，领导对于和自己关系好的该罚不罚，对于和自己关系不好的该奖不奖，这严重影响了公司的公正性，员工们也会越来越排斥公司，甚至开始消极对抗自己的工作。

奖惩制度是把双刃剑，用得好将对员工起到激励作用，用得不好反而会使消极作用扩大。为了将激励作用发挥出来，必须明确奖惩制度，完善奖惩制度，在公司内形成一种良性的竞争氛围。

一、建立完整的详细的奖惩制度

俗话说："无规矩不成方圆。"想让公司形成奖罚分明的氛围，首先要有一个健全的奖惩制度，详细规定员工的奖罚条件、内容、标准和程序，做到有规可依。

二、在奖惩的执行上坚持公平公开的原则

有规必依是发挥奖惩作用的关键，在奖惩时做到有奖尽奖、有罚必罚、一视同仁的原则，才能将奖惩制度深入人心，让员工发自内心地尊重与维护制度，这样才能促使员工去争取奖励，避免处罚，才能形成良好的竞争氛围。

三、明确奖惩的内容

从奖惩的程序，到奖惩的条件以及执行标准，必须详细规定，量化标准，并且将明确的内容宣传到每个员工的心里。

明确奖惩机制为员工的行为确定了标杆，也为员工的奖励和惩罚明确了标准，像一条准绳放在每个员工的心中，有利于管理和约束员工，造就良好的竞争环境。

激励技巧和要点

·明确奖惩机制有利于建立公平公正的环境。规范奖惩制度，明确奖惩内容，做到有规可依，有规必依，对于建立一个公平公正的工作环境具有重要作用。

·明确奖惩机制有利于形成良好的竞争环境。奖惩制度的严格执行会促使员工积极争取奖励，避免被处罚，而奖励的名额是有限的，这样就让员工自然形成一种良性的竞争。

◎打造公平公正的环境

公平公正对于一个企业来说至关重要，它能够激发员工的积极性，能让员工看到不论亲疏远近，不论职位高低，所有人都得到同样的尊重，都有着同样的发展机会。如果没有一个公平公正的环境，不论干好干坏，甚至干得好还不如干得不好的人得到的多，那么就不会再有员工为了公司的发展努力工作，优秀的人才也不会留在公司。

早在 1965 年，美国的心理学家约翰·斯塔希·亚当斯就提出了一种公平理论。他研究发现，员工受到的激励程度不光取决于物质报酬的多少，更大的是取决于报酬获得时的公平感，公平感影响员工的工作积极性，甚至影响员工对企业的忠诚度。

企业的不公平现象主要有薪酬制度的不公平，即同工不同酬，奖惩制度的不公平，该奖不奖，该罚不罚，有的管理者根据员工与自己的亲疏远近，随意派发奖励，这些不公平不公正的现象极大地伤害了员工的工作热情，影响公司的正常经营和发展。

现代企业如何打造企业的公平公正的环境，应该从以下几个方面着手。

一、公平公正的报酬制度

报酬的获得是一个员工工作的最原始动力，而不公平的薪酬制度会破坏这种原始动力，公平公正的薪酬制度能最大限度地调动员工的积极性，因此要坚持按劳分配的原则，坚决避免同工不同酬的现象。公正的薪酬体系还要保证在薪酬的适当调整上，根据员工能力和贡献的不同，薪酬要有差别。比如两个员工同属于一线的机床工人，工作内容是一样的，但其中一个工人比较熟练，工作效率较高，这时确定薪酬就要兼顾公平和差异性了。

二、公平公正的奖惩制度

奖惩制度是激励制度中最重要内容，一个不公平的奖惩制度将失去激励作用，而奖惩制度的公平性首先要有完善的制度保证，其次还要有严格的执行程序，做到奖罚分明，奖惩适度，不管是谁只有达到奖励条件才能给予奖励，不管是谁只要达到惩罚条件必须予以处罚，这样的奖惩制度才能激发员工的主动性。值得说明的是，公平的奖励不是平均主义，必要时就要体现差异性，坚持按绩施奖。

三、公平的晋升机会

晋升将使员工获得更高的职位和更高的待遇，对于员工具有巨大的吸引力，也是激励员工的又一项重要措施。公平的晋升环境的营造必须首先明确各种职位的晋升条件，只要达到就可申请晋升，其次晋升考核过程中必须要公开透明，接受员工的监督，最后晋升的结果要向全体员工公示。

公平公正的环境是一个企业活力和生机的源泉，有公平环境的企业不一定做大做强，但是一个内部环境缺少公平公正的企业必然走不长远，因此，公平公正的环境对于企业来说犹如阳光一般重要。

激励技巧和要点

·公平公正的环境需要一视同仁。特权主义是公平公正最大的天敌，企业中从上至下绝不能出现不受制度约束的人，尤其是企业管理者必须带头遵守执行制度，为员工树立榜样。

·公平公正环境的营造依靠制度建设。一切都在制度下运行，健全的制度是打造公平公正环境的前提。建立公平的薪酬制度、奖惩制度和晋升制度，给予所有员工平等的发展机会，根据工作效能分配薪酬和福利。

◎引导员工间的良性竞争

人与人之间经常会存在着竞争关系，而作为同一个企业以及同一个部门的员工，竞争的氛围更加浓烈。员工间的竞争分为恶性竞争和良性竞争，作为企业的管理者，其中一个重要的作用就是制止员工间的恶性竞争，引导员工间形成良性的竞争环境。

员工的能力难免存在差异，当一个员工羡慕别人的能力时，就会主动学习和努力工作，不断地激励自己超越他人，这样一来就会给其他员工造成压力。这种主动进取的员工通过自身的努力，极力缩短与其他员工的差距，这就是员工间的良性竞争。这种竞争的好处是不断刺激员工提升自身能力，掌握越来越多的技能，形成一种你追我赶的工作氛围，进而提升整个公司的工作效率，使企业不断发展。

当前我国很多企业都存在着效率低下的问题，员工执行力不强，消极怠工，应付工作，这种现象的出现主要是企业缺乏良性竞争的缘故，鉴于此，作为企业管理者要想法设法将竞争机制引进企业，只有竞争才能促进员工的工作热情，才能保证企业的活力和生机。

企业的竞争形势多种多样，既有常规的竞争，如平时的销售竞争、业绩竞争，也有非常规的竞争，如特定岗位的上岗竞争、每月的销售之星竞争、优秀员工的竞争等，还有就是组织一些专业性的竞赛，如业务技能竞赛、专业知识竞赛等。企业可以根据自己的实际情况开展不同类型、不同形式的竞争，促使公司形成良性竞争环境。

想要企业形成良好的竞争氛围，必须防止不正当竞争，这就需要把握一定的原则。

一、良好的竞争环境有赖于公正的评价体系

公正的评价体系从员工的实际情况出发，只看重员工的能力和业绩，不会根据员工与领导的亲疏关系或者个别领导的好恶来评价员工，这样对员工最初的评价才会客观和公正，才会激励其他员工向这些优秀员工学习，形成一种“比学赶帮超”的氛围。

二、良好的竞争有赖于畅通的沟通渠道

很多误会或者不好的风气都是因为沟通不畅造成的，也有很多居心不良的员工利用沟通不畅的漏洞，进行一些背后告密揭发的小动作，这些都造成了公司风气的败坏。良好的畅通的沟通环境能够使员工之间，员工与领导之间及时地沟通和交流，及时发现问题解决问题，也有利于先进事迹、优秀传统的正向传播，使员工看到先进典型，学习到先进典型，进而改进自身的工作方法，提高工作效率，提升整个团队的行动能力。

另外为了培养多能型人才，公司可以经常性地轮岗，安排员工到自己不熟悉的岗位上工作，从而让员工学习到新的知识，接受新的经验，再度激发员工的竞争本能。

良好的竞争机制是企业强大的激励手段，良性的竞争可以激发员工的积极性，可以提升整个团队的工作效率，进而为企业发展注入新的活力。

激励技巧和要点

· 良性竞争的形成必须依靠公正的制度建设。一个公平公正的制度环境是促使企业良性竞争形成的关键因素，有功不奖、有过不罚的企业绝不会激发员工内在的好胜心，难以形成良性竞争态势。

· 良性竞争的形成还需要适时安排员工定期的岗位轮换。一个员工待在自己太过熟悉的环境中，很难再激起他的好胜心，所以不定期对员工进行轮岗，让员工在新的岗位上接受挑战，有利于竞争氛围的形成。

◎ 竞争模式多样化

企业内部形成竞争氛围的好处显而易见，一方面提高了员工的积极性和能动性，使每个员工的能力得到提升，另一方面提高了整个团队乃至企业的工作效率，能使企业目标又快又好地完成。

企业内部竞争的形成不是一句话就可以做到的，必须要有良好的制度作为保证，公平公正的制度才能保证员工的利益不受损害，以及员工的付出得到相应的回报，如此才能保证竞争的结果；还要有形式各异的竞争模式，这也是促进良好竞争机制形成的关键因素。良好的竞争环境需要企业设置不同的竞争形势对员工加以引导，才能激起员工的好胜心。

通过企业实践的检验，以下几种竞争模式在一定程度上可以帮助企业快速形成竞争机制。

一、业绩竞争

业绩竞争是公司最常用的一种竞争激励方式，竞争的目标比较确定。一般是公司的销售部门针对本部门的员工进行的一种竞赛，主要是对于销售量的一种比拼，这样的业绩竞争能够极大地刺激员工，激发员工的工作积极性，促进团队目标的完成。

作为电器厂的销售部，可以说是掌握着公司的发展命脉，为了刺激员工，增加销量，销售经理引进了一种竞争方式。这家公司以电话销售为主，为此特意购买了一块大屏幕，挂在了销售员办公区的正面墙上，只要一抬头就能看到。管理者将每个员工的销售额打在大屏幕上，时时更新，不管你是在工作时还是休息时，都能够看到自己与别人的差距，就这样，无形的压力时刻督促着员工努力工作，超过别人。

二、岗位竞争

晋升制度是公司的一项重要激励方法，也是一项刺激员工竞争的模式。不管是职位晋升还是薪酬晋升，名额都是有限的，一旦出现多人争取一个机会的时候，竞争自然就会形成，如果这时再加以引导，必然会形成一种良性竞争。

一家公司空缺了一个主管的位置，部门中有四个人基本上都具备了资格，为了得到这个职位，几个人明争暗斗，甚至用上了一些非常手段，所以管理者开始介入，提出主管职位由经理暂代，并规定了半年的考察期，谁的业绩最好，就将出任主管的职务。经过半年的努力，四个人的能力不相上下都得到了很大的提高，于是公司决定将四人都升为主管，分任不同部门。这样的竞争不仅提升了部门业绩，还为公司培养了四个人才。

三、技能竞赛

公司可以不定期组织各种各样的竞赛，可以是与工作相关的技能比赛或者是业务比赛，比如酒店就可以组织员工进行服务技能比赛、客房管理技能比赛等，还可以组织与工作无关的比赛，比如，知识竞赛、书法比赛等，这些比赛都可以激起员工的竞争意识。

四、特色竞争小组

为了培养员工的团队意识和竞争意识，很多企业都开展了各种类型的小组竞赛。这种竞赛的最大好处是既培养了员工的协作意识，又在合作的过程中让员工充分感受到竞争氛围，激发了员工的好胜心。其实现实生活中，各种辩论大赛就是最好的小组竞争的模板，辩论小组都由几个人组成，而且分工明确，谁负责找资料，谁负责梳理本方论点和论据，谁负责研究对手观点，谁负责把控全局，在团结合作中争取打败对手，获得胜利。企业可以借鉴这样的模式，在企业内部运用这种形式，以销量等为目标进行竞赛。

激励技巧和要点

· 企业内部的竞争要坚持公平公正。不管什么模式的竞争，必须保证竞赛程序的公平和透明，保证竞赛结果的公正，并接受员工的监督。

· 企业内部竞争模式的选择要根据实际。模式可以千变万化，但每个模式都必须只针对特定的环境和需求，企业要根据自己的目标设定以及公司实际，选择最佳的竞赛模式，保证竞赛取得最佳的效果。

◎ 末位淘汰，制造危机感

末位淘汰，顾名思义就是指考核中，成绩排在末尾的员工将受到“淘汰”的处罚，这里的“淘汰”根据具体情况，内容会有所不同，可以是处罚，也可以是取消资格。其实，在现代企业管理中普遍存在着末位淘汰制度，只不过由于企业文化和制度的不同，导致末位淘汰的执行力度各异，有的是刚性的，有的是弹性的。

适当的“末位淘汰”可以推动企业的人才结构调整和人员的能力提升，让员工保持危机感，使企业保持活力和生机。“末位淘汰”是一个很好的激励制度，但是它又是一把双刃剑，用得好可以激励员工，用不好可能会造成反作用。一个企业在选择是否使用“末位淘汰”制度时，一定要结合自身实际，有选择性地使用。在企业建立了完善的绩效管理制度基础上，掌握使用方法，再结合其他的配套制度，弹性使用，是可以得到自己想要的结果的。有很多人反对，是因为害怕使用“末位淘汰”后带来负面影响，而惧怕的根源是没有学会使用的方式方法。

使用“末位淘汰”的最佳时机是在年末，由于年末是企业的各项考核的收官时间，每个员工的表现都跃然纸上，很容易执行“末位淘汰”制度。适合使用“末位淘汰”制度的企业一般需要具备两个特点：第一，公司的外部竞争环境非常激烈，这给员工造成了天然的危机感，配合“末位淘汰”制度，将收到圆满效果；第二，企业已经具备了一定的规模，由于发展的时间久，导致一些员工工作态度散漫。而不太适合使用“末位淘汰”的情况要么企业属于垄断行业，要么是刚运行没多久的企业。

“末位淘汰”制度的实行需要遵循的原则如下。

一、完善企业绩效考核系统

“末位淘汰”的执行必须首先知道谁处在末位，这些来源于企业的绩效考核制度，所以必须先建立和完善绩效考核体系，保证员工的考核标准统一，考核内容能够反映该员工的工作成效，而且必须保证员工考核结果的准确，只有保证绩效考核的公正公开，才能保证下一步的“末位淘汰”不会引起员工的不满。特别需要注意的是，考核员工必须保证全面，结合员工的各项能力指数，准确定位一个员工，真正找到那些处于“末位”的员工。

二、综合运用各种“淘汰”方法

所谓的“淘汰”并不是字面上的意思，不是将员工直接开除，而是根据员工的表现，给予降薪、罚款、轮岗等不同的处罚。比如，一个员工在销售的岗位上干得一塌糊涂，但是根据绩效考核指数，发现该员工在行政事务上很有能力，那就可以将其调到行政岗位上，充分发挥他的才能，这也是一种“末位淘汰”。

“末位淘汰”有利有弊，作为企业管理者要掌握方法，用它实现激励员工的目的，而避免它带来一些负面影响。

激励技巧和要点

· “末位淘汰”必须首先看企业适不适合。不是所有的企业都适合“末位淘汰”制度，也不是任何时候都可以使用“末位淘汰”，作为企业管理者必须根据自身特点，结合企业实际情况，有选择地使用。

· “末位淘汰”必须掌握“淘汰”的方法。所谓的淘汰不是真的辞退一个员工，而是要结合实际情况，综合使用轮岗、调岗、降薪、学习后再上岗、罚款等方式，对处于末位的员工进行处罚。

第七章
授权激励，激发员工的积极创造力

◎ “阿米巴”式激励，增强员工的经营参与感

“阿米巴”是企业管理模式的一个专有词汇，全称为“阿米巴经营管理模式”。所谓的“阿米巴经营模式”就是将企业分成多个独立的小集团，每个小集团就是一个“阿米巴”，每个“阿米巴”实行独立经营和独立核算，让全体员工参与到经营管理中来，实现“全员参与”的经营模式。“阿米巴经营管理模式”是由日本京瓷公司创造的一种管理方式。

比如某汽车制造企业有采购、组装、检测、销售四个环节，就将这四个环节分成四个“阿米巴”，每个“阿米巴”都是一个小企业，不光考核“阿米巴”的管理者，还要考核每个员工的附加价值。这样的经营模式可以激发每个员工的创造性和积极性。

“阿米巴”的这种做法让一线员工都参与到经营管理中，保证每位员工的利益和未来发展，能为每位员工创造价值和利益，实现集体和个人的双赢。

“阿米巴经营管理模式”的理念是不过分注重对员工的经济奖励，认为过度的经济奖励会让员工争夺企业的人力资源和设备资源，导致企业的整体效益下降，而“阿米巴”注重的就是集体效益。让每个员工成为企业经营者，让员工充分体会合作和集体成功带来的成就感。

“阿米巴经营管理模式”让全体员工参与到企业的经营中来，成功营造出一种“人人都是经营者”的氛围，这种模式可以让员工在自己的工作岗位上主动做出成绩，为企业的发展建言献策，履行一个管理者的责任，这样的员工就不单单是员工了，而是企业的伙伴，是一起为企业奋斗的

战友。

“阿米巴经营模式”所倡导的人人参与经营的理念，成功地激发了企业的活力，激励着每个员工为“阿米巴”组织的成功发展竭尽全力，使每个员工都与企业紧紧联系在一起，消除了员工与管理者的对立关系，极大地激发出员工的主动性和积极性，让员工都可以从各自的工作中体会人生价值和成功的喜悦。

“阿米巴”经营模式成功激励员工的法则主要表现在以下方面。

一、强调集体效益，使附加价值最大

“阿米巴经营模式”强调团队利用最小的成本获得最大的成果，关注的重点就是集体效益的实现，每个“阿米巴”的业绩都会存在差别，但是公司不会因为这些差别就在员工的工资和奖金上体现出来，针对业绩好的也只是在精神和荣誉方面进行奖励，业绩不佳的将会进行严格追责。

“阿米巴”的这一做法提高了员工节约成本的意识，提高了员工的整体荣誉感。

二、“阿米巴经营模式”注重员工的发展

在创造“阿米巴经营模式”的日本京瓷企业中，一直将员工的利益放在首位，努力提升员工的幸福感。京瓷公司将提升员工及其家属的幸福感放在企业目标的首位，将合作商的幸福感放在第二位，其次是客户和社区的，最后才是股东的幸福感。

激励技巧和要点

·“阿米巴经营模式”的成功在于权力下放。充分授权激活了每个小集团的活力和生机，充分调动积极性，深知自主经营权是成功的一个重要因素。

·“阿米巴经营模式”的成功在于倡导“人人皆是经营者”理念。一方面培养了员工的管理者意识，提升了员工的责任感，另一方面激发了员工的主动性。

◎“量化分权”，分层逐步推进

“量化分权”是企业发展到一定程度后采取的一种管理方法，可以极大地提高企业效率。“量化分权”是将权力和责任细分到部门和个人，在权力范围内给予员工充分的自主权，使员工对自己权力内的工作担负起全部责任，而分权的目的是为了提高效率。

企业通过层级划分、量化分权，将权力充分下放，以此培养员工的管理者意识，让员工在自己的授权范围内自主管理、自主经营，通过这样的层层授权，企业最高管理者可以准确掌握全公司的经营情况，随时发现问题，随时调整方向。

当每个员工在获得授权后，将自己的角色从一个员工转变为一个管理者，转变为一个经营者时，他的自主性也开始不断增强，因而能不断创新发展，这样的企业才能永葆生机和活力。

一、从独裁式经营到量化分权，企业的跨越式发展

当一个企业从初创阶段进入到快速增长阶段时，常常遇到这样的情况：管理者做着和以前一样的工作，却发现企业的增长速度放缓，制定的目标很难实现，因此管理者认为是员工不够努力，员工却认为是管理者不懂放权，使其能力的发挥受到了限制。此时管理者要考虑进行量化分权，或者建立完善的科学的分权体系，以制度的形式实现自上而下的层层分权。只有管理者和员工达成了“量化分权契约”，将权力和责任细化到个人，才能培养员工的积极性和主动性，才能使企业管理跟上企业发展的

步伐。

王明是海尔公司的一线装配工人，但是因为公司实行自主经营的双赢模式，他的身份从工人变成了“老板”，他还有了一个头衔，叫“生产线体经营者”。在实现了这样的转变后，王明不再像以前一样只是做好自己的工作，而是主动思考起如何提高工艺，如何减少成本，如何提高工作效率，如何让自己的生产线快速发展，正是有了这样的思考和行动，他的生产线产量增长了两成，而且质量要比以前更好了。

二、建立科学的分权体系，提高企业效率

量化分权是一个企业发展到一定阶段后的必然选择，因为企业的独裁式管理已经成为企业发展的阻碍，但很多管理者害怕分权，认为一旦分权企业就失去了凝聚力，失去了主心骨，很容易使企业陷入瘫痪，其实这主要是因为企业管理者掌握不了分权的“度”，而无法完成真正的授权。

“制度化分权，层层分权”才是分权的科学化方式，必须遵守的原则是：分权是充分量化、细化的分权，是权力明晰、责任明晰的分权；分权是给予员工充分信任和授权的分权，能够发挥员工的创造性和创新力；分权必须保证每个员工的理念和原则从上到下高度一致。企业自上而下的经营理念和经营原则的高度统一是分权的前提和保证。分权是手段，是实现企业高速发展的手段。

管理的最佳状态是实现员工的自我管理和发展，而量化分权的科学化实行就能够让员工实现从被动工作到主动工作的转变，彻底激活自身动力，激活企业的活力。

激励技巧和要点

· 量化分权必须做到方针统一。全体员工的理念和方针的统一是量化分权的前提，没有这个作为保障只会使企业分崩离析，丧失凝聚力，最终导致企业陷入瘫痪。

· 量化分权必须依靠科学的制度。分权不是随便放权，而是要建立科学合理的分权体系，自上而下层层分权，环环相扣。

◎ 让员工明白“授权=机会”

授权是将管理者的一些权力下放给员工，让员工拥有一定自主权。授权是一种重要的激励方法，这是一种对员工的信任，让员工能掌握权力、承担责任。

授权就代表员工有了表现自己的机会，因为授权让员工拥有了对于工作的自主权，员工的每一个决定都会影响到最后的结果。授权前所有员工都是在一起工作，干一样的工作，管理者很难发现员工的才能，而获得授权后的员工，实际上变为了一个管理者，需要处理危机，需要随机应变，需要创新工作思路，想方设法让工作出色，而在这些积极主动的工作中，员工充分地展现了自己各方面的能力，让上司发现自己的长处。

授权也是一个员工重新认识自己的机会。每个人都有着无限的潜能，授权可以激发这种潜能，开发自身的能力，让自己更清楚地知道自己的特点，找到自己以后发展的方向。

某公司的销售经理每个月都被要求在董事会面前做一次工作汇报，这样的工作报告他做了三年，他明白在董事会上汇报的好处，他有意让自己的副手代替他向董事会汇报工作，于是他叫来了自己的两个副手，将自己的想法告诉了他俩，并让他俩准备，他要先听听两人的汇报情况。

得到这个消息的两人反应截然相反，一个年纪较大的副手心里很反感，认为经理将不属于自己的工作交给自己，增加了自己的工作量，因为整理报告还要占用自己的休息时间，在这样的心理作用下，他对于报告只是敷衍了事，认为能应付过去就行了。而另一个年轻的副手却很兴奋，认为这是一个千载难逢的在董事会面前展示自己的机会，于是他彻夜查找材料，向自己的同事收集数据，精心准备了一份报告。第二天两人将自己的报告交给了经理，很显然年轻的副手获得了这个机会。

由于年轻副手的报告给董事会留下了很深的印象，不久就被调到了分公司任销售总监，而年纪大的副手依然只是个副手。

授权对于员工来说是很好的机会，但很多员工并不了解这一点，所以，我们需要让员工明白以下几点。

一、授权 = 锻炼的机会

员工一旦获得授权就表示企业管理者放心让员工去做事，同时表示在权力范围之内，员工可以自行决定一切事物，这是对员工能力的极大锻炼，而只有独自处理所有事物，才能学会解决问题的方法和手段。

二、授权 = 晋升的机会

在一个企业中，企业授权的对象是经过精心选择的，一般会选择那些有能力有潜质的员工，这也是管理者对员工的一种考验和考察，一旦员工在授权期间表现良好，完全能够胜任的话，相信该员工很快就能获得提拔。

为了让被授权员工明白授权等于晋升机会的道理，在授权开始前，管理者可以让员工明白此次授权的目的和意义，可以将公司的一些安排部署讲给员工听，让他在明白道理后自行把握。

激励技巧和要点

· 授权要选对对象。授权给那些有经验，且有意愿承担这项工作的员工，这才是给予员工机会，如果授权给那些不合适的员工，对于他们对于领导都是一种折磨。

· 授权要给予自主权。既然授权，就要相信员工能够干好，就要让他们在授权范围内自主决断，不要过多干涉，只有充分自主的授权才是真正的机会。

◎ 让员工参与授权

授权是为了提高工作效率，激发员工活力，但是在放权时必须明晰权力范围，不然，无限的权力带来的可能不是工作上的更高效，而是权力的滥用。只有在一定的范围内合理行使权力，才会调动员工的积极性，不会让员工迷失方向。但是如何确定下放的权力应该具有多大的范围呢？

最好的方法就是让员工参与到授权的决策中来，充分听取员工的意见，或者事前让员工实际考察一番，确定到底需要多大的授权方能完成这项工作。授权者的目的是为了让被授权人能出色地完成这项工作，所以被授权人的意见往往最符合实际，最有利于工作的完成。

一家建筑公司公开寻找一家合作单位，打算一起搞定一栋商业大厦的建筑项目。A 公司对于这个项目很有兴趣，而且这个项目也影响着 A 公司今年的经营状况，所以 A 公司全体对于这个项目非常重视。展开谈判前，A 公司管理层决定由副总作为谈判代表与该建筑公司接洽，但是由于管理层很重视也很谨慎，要求副总不要当场做什么决定，有问题一定要及时上报，经研究后再决定。

于是副总与建筑公司展开了谈判，可谈判中难免会做出一些让步和妥协，由于副总没有这个权力，总是要请示后才能答复对方，因此经常打断谈判进程，导致对方有些反感。副总及时发现了这个问题，希望董事会给予自己一定的谈判自主权，以便谈判的展开，但是董事会认为及时请示就可以了。接下来的谈判，副总依然是遇到问题就请示，因而打乱了谈判的节奏，最终导致谈判的失败。

其实这样的失败是可以预见的。董事会正确的做法应该是在委托副总谈判前，就让副总参与进来，充分听取他的意见。副总认为自己需要怎样的权力，董事会在综合考虑后给予相应的权限，最不济也应该在副总发现阻碍谈判问题而提出要求时，就给他下放一定的权力，那么谈判的结果相信会有所不同。

让员工参与到授权的决策中来，虽然要听取员工的个人意见，但是必须把握一定的原则。

一、让员工有限地参与

让员工参与到授权中来，是为了让员工以当事人的身份，给出授权的清晰范围，但是授权不光牵扯到权限，还牵扯到很多其他问题，比如，此次授权的目的、授权的作用等，有很多是不适合员工参与的。

二、要充分收集各方面意见

员工的认知和经验参差不齐，员工的意见只是根据自己的经验做出的判断，有时并不能完全符合实际，所以在授权前，不光要听取被授权人的意见，还要通过各种渠道，收集其他人、其他部门的意见，综合分析后再确定授权的范围和方式。

激励技巧和要点

· 让员工参与授权决策必须掌握在一定的范围内。授权牵扯很多方面，有时可能是为了考察一个员工的能力，有时可能是为了公司战略目标的实现，所以在员工参与授权决策时，有些内容不宜让员工听到，所以让员工参与授权决策必须控制在合适的范围内。

· 让员工参与授权决策不能全听员工的意见。被授权者在一定程度上能够反映完成该项工作需要的权力范围，但是因为员工的经验、阅历和素质的差别，很难保证所有被授权者都客观公正，所以在听取员工意见的基础上，还要综合其他人、其他部门意见，尽量做出最正确的决定。

◎ 授权氛围的刻意塑造

授权在现代企业管理中拥有重要的作用，它可以发挥出员工的主观能动性，提高企业的工作效率。但是想要授权取得很好的效果，必须首先营造一个授权氛围，让员工能够明白授权的含义，并认可授权的这一管理方式，积极投入到自己的工作中，为整个公司的发展做出自己的努力。

授权环境的营造可以从以下几个方面着手。

一、在企业中实现信息共享

信息共享和公开的企业环境能够让员工更了解公司，更信任自己的公司，因此企业可以将自己的成本、生产效率、产品质量和财务状况公开，让员工了解公司的各个环节和部门的运转情况，只有在一个充分透明的环境中才能对以后的授权有信心，才能对授权的可行性拥有自己的判断。

二、实行团队管理模式

企业可以尝试运用团队管理模式，在一定的范围内给予团队决策权，并对本团队的工作成绩负责。团队成员通过相互合作，通过做好自己负责的工作，来共同实现团队目标，从而在这一过程中明白个人的责任、团队义务的含义，为今后的授权奠定基础。

三、推进制度建设

氛围的营造离不开制度的支持，企业要建立完善的用人制度、薪酬制度、考核制度、奖惩制度和晋升制度。用人上做到按需设岗、人尽其职，薪酬上坚持同岗同酬与效能结合的原则，做到付出多少得到多少回报；考核上就要严格统一标准，杜绝亲疏远近考核标准不一的现象；奖惩上要做到有功就奖，有过必罚，统一处罚标准；晋升上要做到一视同仁，在晋升机会面前人人平等，形成能者上、庸者下、平者调的氛围。在企业的各个环节做到公平公正公开，为员工提供一个信任、鼓励的环境，有助于授权的开展。

四、企业要积极倡导授权

作为企业管理者，首先自己要克服害怕授权的心理，摆脱不知道如何授权的困境，学习掌握授权的原则，实现自我的突破，提高自身授权的操作水平；其次在自己了解授权后，要将授权的作用和意义，充分传达给员工，让员工逐渐了解授权，懂得授权的意义，进而渴望授权；第三要建立畅通的上下沟通渠道，管理者要多与员工沟通，了解他们的想法，听取他们的意见，并将有益的建议落实到企业改变中，赢得员工的信任。

五、让员工明白自己的重要性

管理者应该通过自己的讲解，让员工知道自己的工作所处的环节，让员工明白自己的重要性，明白自己的工作可能会影响到其他员工，可能会影响到团队的工作，可能会影响到企业目标的实现，进而让员工明白自己的责任和义务，克服害怕担责的心理，敢于接受权力的挑战。

一个企业为员工提供了有效的沟通渠道，为员工树立了榜样，为员工建立了公正公开的环境，让员工明白责任的含义，相应的权力应该承担相应的义务，这一切的一切都构成了一个良好的授权环境。

激励技巧和要点

· 授权环境的营造必须建立公平公正的环境。只有在用人、晋升、奖罚上一视同仁，统一标准，才能让员工勇于担责，才能让员工明白授权后自己工作完成后会获得公平的对待。

· 授权环境的营造必须让员工了解授权。必须给员工充分讲解授权的含义、授权的形式、授权的作用，让员工从一无所知到了解掌握，再到渴望得到授权，如果员工不知道什么是授权，那么授权环境的营造也就无从谈起。

◎ 必要时为员工提供适当的帮助

在企业管理中不可避免地要经常下放权力给员工，安排员工做一些有难度的工作。作为管理者在安排工作给员工时一方面要保证授予员工相应的权力，另一方面要时刻关注员工，在员工需要帮助时及时提供帮助。

在工作开始前，管理者要告诉员工：工作既然交给他，就是信任他，相信他能够克服困难，完成工作，但在遇到无法解决的问题时，也要及时向管理者求助，以便得到他们提供需要的工具、场所或者方法。

管理者给员工提供的帮助一般分为两种，一种是实物帮助，提供给员工完成工作所需的数据、工具或者场地等。比如，要求员工帮助单位完成一个大型数据库的建设，但是建设过程中缺少一组重要数据，恰巧这组数据领导有，此时作为领导就应该及时提供，帮助员工顺利完成任务；另一种是方法和经验的帮助。当员工在完成工作过程中，方法不对或者方向错误时，管理者要及时引导员工寻找到正确方法。比如，一家建筑公司有拆迁任务，其中的一户态度很强硬，领导安排一个员工去做工作，但是无论员工如何对当事人解释都没有用，正当他一筹莫展之时，领导告诉他可以试试做子女的工作，转变了工作方向，因而任务很快完成。

小 A 是一个部门的经理，作为领导的他经常将工作下放给员工做。但是最近小 A 要升职了，HR 对他的日常工作进行了调查和访谈，最后做出延迟一年升职的决定，小 A 对此很不理解，然而 HR 给出调查结果后他哑口无言。

因为他在工作期间，不愿意为员工提供必要的帮助，具体的事例很多，其中一个是这样的：一次他要写一份很重要的报告，他就把这个工作交给了他的一个下属，但是这份报告牵涉到很多数据，尤其是很多数据还需要到其他部门配合查询，这无疑是给这个员工出了一个难题。当员工求助时，小 A 的回答是“既然我把工作交给了你，你就要自己想办法”。无奈这个员工只好自己去其他部门收集数据，但被人家以数据保密为由拒绝了，最终下属完成的报告不符合要求，最后小 A 自己又改了很久才完成。

案例中小 A 将写重要报告的权力下放给下属，但是在这位下属遇到不能解决的困难时，却没有提供帮助，最终不仅导致报告自己又重新写了一遍，浪费了时间，更重要的是影响了自己的升职进程，可谓是“一举两失”。

一、尽量提供思路和方法

当员工在工作出现困难时，领导要引导员工改变工作方向，或者提供完成工作的方法和经验，让员工根据提示自己去摸索，不要直接给员工解决问题的成果，否则就起不到锻炼员工的目的，放权也就失去了作用。

二、在员工确实需要时才提供

完成工作过程中，员工遇到的问题会很多，有的能够克服，有的需要帮助，作为领导不要一看到员工遇到问题就出手帮助，这样的帮助只会剥夺员工成长的机会，使其永远不能独自解决问题。

激励技巧和要点

· 帮助员工要选择合适时机。不要在员工刚遇到困难时就出手相助，要给员工解决问题的时间，即使最终问题没有解决，员工在解决问题的过程中也会得到锻炼，领导要在员工经过努力仍无法解决问题时再给予帮助。

· 帮助员工要注意方法。不要直接帮助员工打开门，而是要给他打开门的钥匙，或者是寻找钥匙的方法，只有这样员工才能提升自己的能力。

◎ 消除员工对授权任务的恐惧

授权可以激励一个人的自信，可以激发一个人的工作积极性，但是有时授权会让员工感到害怕。员工对于授权任务的恐惧，一方面怕自己做不好，因为对于授权任务的不了解，不确定凭借自己的能力能不能完成任务，如果完成不了任务耽误了公司的工作怎么办；另一方面怕自己没完成工作后受到处罚，多数公司对于不能完成工作的员工都有相应的处罚。所以有的员工接受一个陌生的授权任务后，不是先想到如何完成任务，而是想到不能完成任务要受到怎样的处罚。

小王是公司的一名销售人员，一天突然接到一个任务，让他去北京采购一批原材料。因为原来负责采购材料的同事生病了，而采购这批原材料的任务又很急，所以领导在权衡之后，决定把这次的采购任务交给平时工作很积极的小王。对于这次采购，公司给了他充足的权力，只要在公司给予的价格区间内，随便采购哪个公司的货都可以。

接到任务的小王内心很忐忑，甚至有些恐惧。采购对于他来说是完全陌生的，而且如果采购的原材料不达标，岂不是耽误公司的生产？有时他甚至想“不如我假装生病，让公司再派其他人去”，就这样，一直胡思乱想的他显得魂不守舍。经理及时发现了这个问题，找到他问明情况，经理为他做了详细的解答，告诉他采购的流程，并将公司平时采购的几家公司地址也给了他，同时附上了材料的标准和价格作为参考，最后临走前，经理说：“小王，你的能力是没问题的，不要害怕，以你的能力完成这个工作绰绰有余。”

得到讲解和鼓励的小王信心满满，最终成功完成了这次采购任务，而且凭借他销售的口才和思路，还帮助公司节省了成本。

消除员工对于授权恐惧的方法有以下三种。

一、根本方法是营造良好的授权氛围，努力营造企业公平公正的环境，通过沟通和讲解，让员工明白什么是授权以及授权的意义，明白授权对自己的帮助。可以说，授权不仅能提高员工的个人能力，还能培养员工的管理者意识，为员工的以后发展奠定了良好的基础。

二、解决员工的后顾之忧。员工对于授权任务的恐惧大部分来自对于不能完成工作的后果，或者是对工作过程中出错的恐惧。因此作为管理者要允许员工犯错，在授权开始前就向员工讲明，在工作过程中允许犯错，把员工犯的错当作一种培养投资。当员工犯错后，管理者要仔细问明错误的原因，并为员工指出改正错误的方法，帮助员工进步。

三、消除员工授权任务恐惧就要充分帮助解读内容。恐惧来源于未知，员工对于授权任务的恐惧首先来源于对任务的不了解，因为不了解任务内容。所以不确定自己能不能完成，作为领导在交给员工任务后，要为员工充分讲解任务内容，要让员工知道任务是什么，如何完成任务，完成的结果是什么，而当员工了解到这些后，恐惧感就会消除很多。

激励技巧和要点

·消除员工对授权任务的恐惧要让员工充分了解任务。管理者要为员工分析任务，让员工知道授权任务的内容，将要达到的效果，以及完成任务大致需要什么样的方法等，当员工充分了解后恐惧自然消失。

·消除员工对授权任务的恐惧就要允许员工犯错。人都会犯错，企业要允许员工犯错，甚至把员工的无意犯错当作培养员工的成本，消除员工的后顾之忧。

◎授权后的有效控制

《韩非子》中有这样一个故事：鲁国有个人叫阳虎，颇有才干，但此人有个缺点就是私心重，有权力欲望。在鲁国和齐国先后碰壁后，跑到赵国，赵王非常欣赏他的才干，任命他为丞相。别人提醒赵王警惕阳虎，但赵王却说："虽然此人私心重，但只要时刻监视，不让他有犯错的可能，一切都不是问题。"赵王一直有效地控制着阳虎，而阳虎也充分展示了自己的才干，将赵国管理得有声有色，最终使赵国声名鹊起。

作为领导既要懂得授权，又要懂得授权后的控制，才能使授权收到效果。但是控制要把握分寸，控制的力度过大，对员工的干涉过多，将会使授权失去意义。所以领导授权后的有效控制要注意以下几点。

一、权责明晰

授权的前提就是要保证权责明晰，这也是搞好有效控制的前提。如果权力与责任模糊不清，就会造成相关人员各做各的事，等到出现问题时就会互相推卸责任，这是授权的最大忌讳。所以在授权时，作为管理者要将授权的范围，以及工作的目标和责任，明确地告诉员工，让员工明白自己的责任和义务，这样既可以激发员工的主动性，又便于问题出现后进行责任界定。管理者要信任和支持员工的工作，但凡授权范围内的工作都要给予员工充分的自主权，不能妄加干涉，要促使员工发挥自身创造性。授权时要保证被授权者的权力和责任相当，授予多大的权力就要承担多大的责任。

二、授权者与被授权者建立信任

当员工接到授权任务时，如果对管理者不信任，就会本能地排斥这项任务。因此管理者除了要讲解任务内容，消除员工的疑虑外，还要适当地夸奖员工的能力以及取得的成绩，最重要的是要在平时注意与员工沟通，要时刻关心员工成长，从点点滴滴中建立与员工的互相信任感。

三、授权者只注重结果

作为授权者要给予员工充分的自由度，一般只要求结果即可，即只告诉员工这项任务要做什么以及要达到的效果，至于员工采用什么样的方法不予干涉。只关注结果，给予员工自主选择的权力，才是真正意义上的授权。

四、时刻监督和定期汇报

授权不等于不管不问，对于授权员工不进行控制将会导致任务的失败。首先授权者与被授权者对于任务最终达成的效果要形成统一意见，而后在工作中，管理者要时刻关注任务的进展情况，如果出现问题要随时纠正，发现困难要及时解决，其次，对于工作进度，被授权员工要定期汇报，以便保证工作效果。有效控制还要采取不定期抽查和阶段性验收的方式实施控制，但也要注意把握好尺度，不可过度控制和干涉。

五、杜绝反向授权

所谓的反向授权就是被授权员工将自己的工作交给管理者去做，也叫倒授权。出现这种情况的原因一般是员工害怕承担责任或者对自己没有信心，又或者是领导放权不够，过度干涉。杜绝反向授权的方式是在授权开始前就将工作可能遇到的困难和问题讲明讲细，让被授权员工做好充分准备，必要时，领导可以提供适当的帮助。

激励技巧和要点

· 授权后的有效控制要注意时时监督与定期检查相结合。授权后的放任是一种不负责任，授权者要时刻关注工作进度，不定期验收工作成果，实现全程有效控制。

· 有效控制要把握好度。过多的控制和干涉，会伤害员工的自尊心，会影响员工的工作积极性，会破坏授权的积极作用。有效控制只是一种宏观把控，在员工出现问题时要及时纠正。

第八章
股权激励，植入“主人翁意识”

◎让员工和企业成为利益共同体

一般来说，企业的拥有者和企业员工的追求和利益点是不同的。作为企业的拥有者，他们注重的是企业的长远发展，而作为企业员工，他们注重的是自己的工作感受和工作收益。由于两者的关注点不同，必然导致其在日常工作中的行为方式不同，甚至有个别员工为了个人利益做出伤害企业利益的事。实施股权激励的目的是为了使员工成为企业股东，将个人利益与企业利益紧密联系在一起，从而形成利益共同体。

企业通过让管理层和员工拥有股权，建立完善的股权激励体制，有利于企业所有者和员工之间建立起利益共同体。具体来说是建立员工与企业所有者的共同体，这样有以下几个好处。

一、激发员工的主动性

企业员工和管理层作为企业管理和运营的直接参与者，最了解企业的现状，实施股权激励之后，将企业的收益直接分享给员工和管理者，让员工和管理者工作的出发点从维护个人利益变成了维护企业利益，充分调动员工的积极性和主动性，从而主动思考企业如何更快更好地发展，那么必然会提高企业的效率。

二、约束员工及管理者的短视行为

传统的激励方式，如奖金、年终奖等，要求的是短期内业绩的提高，这从一定程度上纵容了员工的短视行为，只要在限期内实现目标就可以了，有时甚至会以损害企业长期目标为代价换取短期目标的实现。但利益共同体的实现，转变了员工的思考方式和行为方式，刺激员工关注其企业的长期发展，关注企业长效利益的增长，来保证自己的长期受益，这样有利于促进企业的长远发展，提高企业的长久竞争力。

三、能够留住人才

股权激励的实行，利益共同体的形成，能够有效地留住企业现有人才，吸引优秀人才加入公司。一方面由于企业的利益长期共享，增强了企业员工的凝聚力和认可度，激发员工的创造性和创新性；另一方面，当员工有可能做出伤害企业利益的行为时，会直接减少员工的个人收益，从而提高员工的犯错成本。所以利益共同体的形成稳定了人心，留住了人才。

企业需要注意的是不要让股权激励成为空头支票，很多企业为了吸引人才，在招聘时打出了高薪加股权的条件。或者在员工想要离开公司时，领导承诺只要留下来好好干，未来会给员工股权。但是等到公司发展起来之后，却不兑现股权激励的承诺，导致利益共同体形成的破裂，乃至员工与企业离心离德。

股权激励是企业一项长期激励的方法，其最终目的是为了利益共同体的建立，从而提高员工的工作积极性，保证人才的稳定，保证企业员工的行为出发点是为了企业的长远发展，这些都提高了企业的竞争力，保持了企业的活力和生机。

激励技巧和要点

· 利益共同体的形成能够提升企业竞争力。利益共同体能够激发员工主动性，保证员工从企业长远发展出发来安排自己的工作，从而激活企业的活力，提升企业的竞争力，保证企业持续健康发展。

· 利益共同体的形成依赖于股权激励的落实。不要口头承诺员工股权分享，最后却不落实，这种给员工开“空头支票”的行为只能激励员工一时，最后的结果是人才的流失，人心离分。

◎股权激励是一种长期激励

股权激励是企业对员工的一种长期有效的激励方法，是企业为了留住人才、吸引人才的一种高效手段，有条件的企业给予员工股东权益，是企业与员工形成利益共同体，从而保证企业长远目标的实现。

股权激励的特点有以下几点：

一、长期性激励

员工和管理者作为企业效益的创造者，对企业的业绩影响巨大，因此企业为了公司的长久发展，一般会选择股权激励的方式。从企业薪酬结构来看，股权激励是一种长效激励，股权激励将个人利益与公司利益紧密地结合在一起，充分调动员工的积极性和创造性，从而达到企业的经营目标。

二、回报机制

对于那些为企业做出贡献的员工，光是工资和奖金的回报是不够的，无法起到激励和刺激的作用，而实施股权激励是最有效的方法，如此将企业的利益分享给员工，回报他们的付出，他们的持续付出就会反过来令企业增值，从而达到双赢。

三、控制权的激励

通过股权激励，让员工成为企业股东，参与企业管理，使其参与企业决策时更关心企业的长远发展，做出真正对企业未来发展有利的决定。

虽然股权激励的好处很多，但是想要达到最佳效果，必须注意以下要点：

首先，找准激励对象。

股权激励的对象就是企业授予股权的人，企业的股权激励一般有三种方式：第一种是全体员工参与，这一般针对刚刚起步的企业；第二种是大部分员工持股，这一般适合正处于高速发展的企业，为了稳定人心，留住人才，维持企业的快速发展；第三种是关键人员持股，持股人员主要是企业的高级管理者和关键技术人员。公司在选择股权激励时一定要首先确定激励对象，对于不符合标准的员工不能授予股权，否则将不利于公司的管理。

其次，选对激励方式。

对于企业来说，常用的股权类激励方式大致分为三种，分别是股权激励、期权激励和利益分成。每个激励方式都有自己的使用范围，都有自己的优缺点，企业要根据自己的情况选择一种或几种进行实施。比如，一家上市公司就比较适合股权类激励和期权类激励，对于非上市公司来说，就是股权激励和利益共享比较适合，但不论选择哪种激励方式，都必须坚持激励机制和约束机制并存，才能真正调动员工的积极性。假如只制定了激励方案，却没有配套的约束机制，那么股权的长期激励性就可能失效。

最后，股权的分配原则。

企业如何控制股权激励的数量，如何控制每个员工的持股比例，这些取决于每个公司的实际情况，但是基本上可以遵照一个原则。如果企业的薪酬制度是比较合理，薪酬能够准确地体现一个员工对于企业的贡献和重要性的话，那么股权数量的分配就可以按照职位和薪酬来确定，可以根据每个人的年度收入来确定股权数量。

股权激励的长期性取决于员工的个人利益与企业利益绑在了一起，只要公司能够长期健康发展，员工的收益就会一直持续。

· 股权激励必须合理科学。不论是选择何种激励方式，还是确定每个员工的持股数量，都要遵照一定的原则和方法，绝不能随心所欲，只有股权分配合理和公平，才能维持对员工的长期激励作用。

· 股权激励必须配套约束机制。完整的股权激励包括激励和约束机制，只有约束机制完善，才能保证小股东的利益。

◎ “我在为自己工作”

企业为了使员工的利益和企业所有者的利益达成统一，推出了股权激励的方案。通过在一定时期内授予员工股权，让员工享受企业股权的收益，让员工一起来分享企业的经营成果，从而促使企业生产经营的发展。

股权激励之所以受到如此重视，是因为它为全体员工施展自己的才华提供了平台，在这个平台上，员工的身份发生了转变，员工不再只为了个人利益而工作，而是成为企业的老板，所有的付出和努力都是为了企业发展得更好。

股权激励能够增加员工的归属感，让员工心甘情愿为自己打工。享受到股权激励的员工拥有了雇佣者和所有者的双重身份，企业的成功与失败都与自己息息相关，这能够极大提高员工的使命感和责任感，自觉维护企业的利益，抵制一切不利于公司发展的行为。

当员工既是打工者又是老板的时候，心态会发生很大的变化，员工不再是为了别人、为了企业工作，而是为了自己的切身利益而工作。以前工作可能只是为了应付领导，只是为了完成规定的工作量，至于工作的成效则漠不关心，但是一旦员工成为老板，那么员工会自觉地负起责任，努力避免工作中的失误，将自己的工作做得完美，尽可能在规定的工作时间内为企业创造更大的价值。

曾经的小肥羊餐饮公司在极短的时间内，就占领了国内的火锅市场，营业额达到了40多个亿，可谓是风光无限，在接受采访时，时任小肥羊董事的孙先红说："股权机制好，人员利益调节得好。普通员工都有股份，企业就是员工自己的企业，这让客户、合作伙伴都感觉到满意。"小肥羊总裁卢文兵也总结说："我们公司希望用股权让员工感觉到是为自己工作，而不是打工。"

从他们的话语和小肥羊的真实案例中不难看出，正是由于将股权稀释，将股权授予员工，才激发了员工的创造力，才创造了属于小肥羊的传奇故事。

股权激励让员工的身份和心态发生转变。

一个人的身份决定了一个人的行为，当员工只是员工时，他所想的是如何度过漫长的工作时间，怎样快速完成自己的手头工作，甚至在工作时开开小差，办点其他事情，关注点并不在工作上。但是一旦享受到了股权激励，身份转变为老板，那么员工想的是如何在工作时间内出色地完成工作，提高工作效率，甚至会在工作时间以外继续为工作付出，努力提高自己的工作成效。

最有效的激励是让员工感到在为自己工作，而股权激励让员工持有公司股份正好达到了这样的效果，拥有股权的员工变为企业的股东、所有者，自己的工作是为了自己的收益。

激励技巧和要点

· 股权激励让员工转变观念。身份的转变带动了观念的转变，观念的转变带动了行为的转变。以前的员工一切只是为了自己，现在变成一切为了公司，因为他们明白只有公司强大，自己的收益才会增加，自己的收益才会持续。

·“我为自己工作”的心态促进了目标的完成。员工觉得是在为自己工作，就会工作更积极、更主动，就会竭尽全力地完成目标。

◎股权激励增强员工对公司的忠诚度

股权激励是提高员工忠诚度的有力武器，股权激励通过利益共享和利益捆绑，将员工与企业紧紧地联系在一起，提高员工对于企业的认可度，让员工处处维护企业利益，坚决抵制有害于企业的行为，忠心为企业奉献。

每个企业为了提高企业员工的忠诚度，纷纷采取股权激励的方式，虽然各家的招式有所不同，但是想要达到的效果一样。股权激励的特性决定了提高员工忠诚度的作用。

一、股权激励实现员工自我价值

每个人都希望实现自我价值，都希望自己得到别人和社会的认可，能够在自己从事的事业中找到人生价值，而股权激励恰恰能够满足这一点。首先获得公司股权，身份转变为老板，公司的事业就相当于员工自己的事业；其次，当获得股权后，员工的收益会随着公司的发展逐步增加，和企业一起成长，而收入的增加本身就是自我价值的根本体现。

二、股权激励是对员工的尊重，将企业变为员工的家

每个人都希望被尊重，在被尊重的环境中工作令人愉快，让人幸福。股权激励是企业对于员工的最大尊重，相当于认可了员工对于企业的付出，认可了员工的价值，当员工被企业充分尊重后，员工同样会尊重自己

的企业，将企业当作自己的家。

李可是一家公司的总经理，他们公司在东北地区算是首屈一指的，由于公司的客源和市场相对比较稳定，并没有开拓市场的意向，但是最近一段时间，设计部的人员却出现了大量的跳槽现象。

李可一筹莫展，而且到了公司每年工作任务最繁重的时候，出现设计人员不足的情况，极大地影响了公司的声誉。为此，李可找来了公司的人事部经理，分析问题出在哪里，正当两人还在商量对策的时候，又传来了一个不好的消息：设计部的顶梁柱小张也要离职，这时李可也慌了，于是亲自找到了小张，用涨工资来挽留他，但小张的态度依然坚决。万般无奈之下，李可请求小张告诉他缘由，小张说："我已经在公司干了八年，工资虽然不低，但是我希望有一份自己的事业，对方公司答应给我一定的股权，所以我一定要离开。"

得到答案的李可沉思良久，随后决定要在自己的公司也开展股权激励，尤其是针对关键设计岗位的人员。果然效果很明显，随着股权的发放，本来人心浮躁的公司马上变得人人勤奋，公司业绩也越来越好。

李可公司的股权激励稳定了人心，明显提高了员工的忠诚度，使企业的发展有了稳定的人员供给。

股权激励之所以能够提高员工的忠诚度，另一个关键原因是配套的约束制度。俗话说："天下没有免费的午餐。"企业在发放给员工股权的时候，一定要附加一些限制条件，比如规定被授予股权的员工必须要在公司服务一定年限，或者员工离职后不得进入竞争对手企业等等，一旦违反了约定，将会支付给企业一定的违约金。这样的约束条款在很大程度上也提高了员工的忠诚度。

激励技巧和要点

· 股权激励靠正向激励提高员工忠诚度。股权激励可以增加员工的收入，提高员工对企业的认可度，激发员工的主动性和积极性，提升员工的责任意识，最终提高员工对于企业的忠诚度。

· 股权激励靠约束条款提高忠诚度。企业的股权激励都会附带约束条件，这些约束条件一旦违反，员工将丧失一定的经济利益，所以在一定程度上保证了员工的忠诚度。

◎实行股权激励，吸引并留住高素质人才

在现代企业的激烈竞争中，人才是一个企业的宝贵财富，是一个企业在竞争中持续发展的有力保障，对于现代企业来说，如何留住人才是一个重要课题。

采取股权激励无疑是当下企业最流行也是最有效的方法。古语说："军无财，士不来；军无赏，士不往。"合适的股权激励不光会提升企业现有员工的忠诚度，帮助员工实现自身价值，还是吸引企业外部人才的一把利器，可以帮助企业不断引进人才，不断为企业补充新鲜血液。

某公司是一家从事网络产品研发的科技公司，公司发展迅速，在2006年上市，但很快企业遇到了一个问题，人才短缺之势发展过快，公司的资金流较为紧张，而且员工的奖金已经几个月没有发放了，造成了现有的人员也出现了浮动，已经有人陆续离职。

经过专业的咨询，公司设计了一套面向全体员工的股权激励方案。只要是达到了持股条件的员工都可以获得相应的股权，而且级别越高年限越长所持股权越多。随着这一方案的提出，员工们纷纷定下心来，安心留在

公司，期望未来能够获得公司的股权。而且该公司的做法在该行业内还是首例，所以对于企业外的行业人才产生了巨大的吸引力，一度导致该企业的职位是“一位难求”，但凡出现空缺必然是很多人争抢。如此，人才的鼎盛带来了企业技术的不断进步，带来了企业的高速发展。

什么样的股权激励能够留住人才，什么样的股权激励能够吸引人才，只有合理的科学的股权激励才能做到。

一、股权激励一定要预留出部分股权

企业在进行股权激励设计时，一定要考虑长远，预留出为未来引进人才需要的股权，如果没有预留，全部发放完毕，未来还需要重新稀释其他股东的股权，可能会引起股东的不满。预留多少股权较为合适呢？企业一般的通用做法是预留 10%–20%，不宜过多也不宜过少，过少的话，一轮或两轮人才引进后就没有了；过多的话将会导致现有员工的股权过少，不能形成有效的激励。

二、股权激励必须落到实处

股权激励正是因为能够为员工带来可以预期的经济利益，才激发了员工的工作热情以及激励员工的作用，而这种作用实现必须依靠企业的发展，依靠企业价值的不断攀升。如果企业的效益不好，无法将股权激励的效益兑现，让股权激励变成了水中的月亮，那么这样的股权激励也就丧失了对人才的吸引作用。

三、把握股权发放的时机

何时发放股权是很有讲究的，如果发放得过早，比如在企业发展的初期就发放，将会为企业带来巨大的经济负担，减少企业的利润，不利于企业扩大规模与发展壮大，但是如果发放过迟，等到员工对企业失去信心，纷纷选择离开时才发放，将会使激励效果大大降低。

股权激励对于人才的激励效果显著，但也是一把双刃剑，实施得好将会留住人才、吸引人才，实施不合理不科学将会起到反作用，导致人心离散。

激励技巧和要点

·股权激励的设计必须科学合理。股权的发放必须选择适合的时机，不易迟不宜早，股权激励对于员工的利益增加必须保证。

·股权激励为了吸引人才必须预留股权。不要一次性将股权发放完毕，这样将为企业带来矛盾，预留出引进企业外人才必需的股权。

◎股权激励操作的设计要点

股权激励是一个复杂的问题，科学地设计股权激励至关重要，因为这不光会影响到激励效果，更会影响公司的正常运营，甚至影响公司的未来发展，所以如何设计股权激励方案，应该注意什么要点，是一个企业必须掌握的。

一、搞清楚企业处于什么样的位置

企业处于不同阶段，股权激励方案应当有所不同。比如企业处于初创阶段，离上市还有很远的路要走，那就不要设计过于复杂的股权激励方案，直接向员工定增或者老股份转让即可；当企业已经上市，处于资本市场中，那就要设计相对复杂的方案了，充分考虑市场因素和企业内部环境，设计科学而合理的方案。

二、搞清楚向谁授予股权

企业在股权激励之前，应该按照价值、贡献和被取代程度等几个要素，将企业现有员工进行分类，一般可以分为以下三类人员：第一类是企业的核心领导层，这类人员参与企业的战略制定，是企业未来发展的掌舵人；第二类是管理层，这类人担任着企业中高层以上管理职务，负责企业的日常管理和运营；第三类是骨干员工，这类人员包括企业的技术骨干、特殊人才等，掌握着一定的技术优势。企业在确定股权激励方案时要针对以上人群给予不同的股权待遇和条件。

三、选择何种股权激励方式

股权激励的工具一般分为两类，一类是权益结算工具，主要包括股票期权、限制性股票、业绩股票、员工持股计划等；一类是现金结算工具，主要包括股票增值权、虚拟股票计划、利润分红等。两种股权激励工具各有优缺点，也各自有适合的情况，企业应该综合考虑员工的层次、员工的出资意愿、员工的忠诚度等来确定适合自己的股权激励方式，也可以几种工具结合使用。

四、需要出让多少股权

股权数量应该结合公司的具体实际情况，不宜过多也不宜过少，一般应该占到10%–20%。而且企业应该有长远的打算，不要一次性将全部的激励股权都授予员工，要预留出一部分作为未来新进员工的股权，保证股权充足。

五、设定合适的激励周期

想要股权激励发挥作用，必须将股权激励分成几个阶段进行。一般股权的授予周期为三年，每年授予一次，总共在三年内授予完毕，另外授予股权的解锁期亦为三年，这样下来，一个股权的周期就达到了六年。针对股权的分红每一年进行一次，每年分红都留存一部分，在三年后再全部返还。这样做是为了保证员工的稳定性和忠诚度。

六、股权退出机制

为了避免法律纠纷，股权激励必须设计相应的退出机制。一般的股权退出方式分为：直接退出，适合通过期权或代持的方式进行股权激励的企业，一旦员工离职可以直接无偿收回；回购股权，企业通过收购的方式买回股权；股权转让，被激励员工将股权转让给别人。

激励技巧和要点

· 股权激励方案必须选准激励对象和激励方式。根据企业自身状况，确定股权的授予对象和范围，针对不同的员工，选择合适的激励方式，对合适的人使用合适的激励手段。

· 确定股权激励的约束机制。股权能够激励员工的关键除了能够给员工带来利益外，约束手段的制约也同样重要，规定员工违约后的赔偿条件，将增加员工的忠诚度。

下篇　以情动人

第九章

情感激励，铁打不破的冰情能暖化

◎ “家人理念”增进员工的归属感

所谓的归属感是指员工在一个企业工作一段时间后，在思想上、心理上、情感上对企业产生的信任感、认同感、公平感、安全感、价值感和成就感等，这些因素综合在一起就组成了员工的归属感。归属感的形成不是一朝一夕的事，而是一个复杂的过程，但是归属感一旦形成，将会使员工产生自我约束力和强烈的责任感，调动员工的积极性和主动性，最终产生积极的效果。

有一个企业在日常管理中有一个特色，它在基层员工中建立了一个叫“family”团队组织，每周都会召开员工交流会，会议形式多样，可以是一起去郊游，可以是一起去聚餐，也可以是坐在一起聊聊天，通过这样的方式增加员工之间、员工与领导之间的交流，而且对于集体中的事，也是通过这样的组织宣传和商议。正是有了这样的员工组织，这家企业的员工们就像家人一样亲切，像爱自己家一样爱着这个企业。

如何增进员工的归属感，是所有企业关注的问题，其中“家人理念”的强化是增强员工归属感的一个极好方式。强化“家人理念”可以从以下几个方面着手。

一、“家人”就要沟通

家人就要经常沟通，只有通过沟通才能增进感情。企业也是如此，作为领导要经常和员工谈心，彼此交换想法，从沟通中领导可以及时发现员工的问题，及时化解，而员工可以从领导的谈话中，感受到领导的关心，还可以从领导那里学习工作经验。杰克·韦尔奇有一句名言是“沟通、沟通、再沟通”，沟通使员工之间，员工与企业之间形成一种互信、开放的交流氛围，从而增加员工的归属感。

比如，领导在与员工的谈话中，了解到员工的孩子生了重病，领导就可以将此事上报公司，自己也可以去探望孩子，或者给孩子联系医院，公司还可以在资金上予以扶持，这样员工一定会非常感激企业，会用百倍的工作回报企业，这就是沟通的作用。

二、“家人”就要利益共享

家人是生活在一起的人，利益和责任共担。企业应该在不同的发展时期，将企业的利润分享给员工，让员工享受到企业发展带来的红利。对于条件允许的企业可以进行股权激励，将企业的股权授予员工，将员工的利益和企业利益捆绑在一起，强化利益共享，责任共担。

三、“家人”就要强化员工的管理参与度

企业是员工的家，提高员工的管理参与度，能够增强员工的主人翁意识，让员工全情投入到工作中来。企业可以建立相关的民主制度，企业在作出决策时，可以召开员工会议，充分听取员工的意见和建议，并在做出任何决定后，及时对员工宣传，让员工了解并以合适的方式参与到公司管理中来，增强员工的责任感，培养员工的归属感。

激励技巧和要点

· 通过沟通建立归属感。充分沟通是关怀的体现，也是发现问题和解决问题的最佳途径，良好的沟通氛围能够建立互信、协助、友爱的工作环境。

· 通过共享建立归属感。利益的共享让员工信任自己的企业，而且还能够建立一个利益共同体，建立一个休戚相关的家人体系。

· 通过参与建立归属感。让员工参与到企业的管理中来，增加员工的责任感，提高员工的主人翁意识，能够激发员工的内在动力。

◎ 了解员工的境况与需要

企业员工是直接的商品生产者和利益创造者，关怀员工的生活，了解员工的需求是保证员工忠诚度的基础，只有做到了解，根据员工的状况加以改善，使员工的生活和工作状态得到全方位的提升，才能激发员工的工作热情，为企业创造更多的经济利益。

员工分布于企业的各个环节，想要了解到员工的真实状况，必须采取一定的方式方法。

一、真诚沟通

沟通是拉近人与人之间距离的最直接方法，作为管理者要加强与员工的沟通，通过沟通了解员工真实状况和需求。沟通的方式很多，可以是与员工面对面的、一对一的谈话；管理者可以在工作时或者闲暇之余，采用很自然的聊天方式，与员工拉拉家常，在闲谈中了解员工的生活和工作状态；还可以是以团队会议的方式，管理者定期组织员工会议，在会议上了解员工对公司的想法；对于不方便说的可以通过书信的方式，或者通过别人之口以及自己的发现了解员工的境况和需求。

二、制度保证

想了解员工的真实想法其实不是一件容易的事，很多时候员工会有所顾虑，并未说出自己的真心话，这时就需要公司建立相关的制度进行保证，用制度建设一个公开公正的环境，打消员工的顾虑。除此之外人事部门应该建立完善的员工信息分析系统，做到从员工的日常工作和行为中，了解员工的心态和需求。

了解员工的境况和需求只是第一步，最关键的是针对员工的境况和需求做出调整和改变，使员工的内心得到满足，能够全身心地投入到工作中来。

三、改善员工的境况

员工只有心情好、家庭和睦才能将全部精力投入到工作中来，比如通过了解，发现员工因为一件小事和其他员工产生矛盾，导致心情很糟，此时管理者就可以通过调解来化解两人的矛盾；比如发现员工的家里有人生病，领导除了表示关心外，还可以前去看望。

四、满足员工的合理需求

员工需求的种类很多，有的是希望自己的工资增加，奖金增多；有的是希望提高自身的能力，得到学习的机会；有的是有上进心，希望得到升迁。针对员工的合理需求，企业要积极发现及时满足，增加员工的忠诚度，否则诉求长时间得不到满足，员工就会对企业不满，甚至会离开公司。比如员工想要增加工资，作为管理者就要给他分析他的现状，并告诉他增加收入的途径，鼓励他通过自己的努力提升薪酬待遇。如果员工希望提升自己能力，需要学习机会，对于这样的需求要赞赏，并帮助员工申请企业给予学习机会。

了解员工的境况和需求是获得员工信任，增加员工对公司满意度的前提，帮助员工解决现有问题，满足员工的合理诉求，因为成就员工的同时也是在成就企业本身。

激励技巧和要点

· 了解员工的需求要讲求方式方法。过于直接的方法可能会引起员工的反感，想要获得最真实的情况必须选择合适的方法。可以面对面沟通与侧面了解相结合，可以是团队会议与公司制度相结合，但切记要站在员工的角度，发自内心地关心员工。

· 满足员工的合理诉求才是关键。了解员工的境况和诉求只是第一步，关键是要满足员工的合理要求，这样才能把员工留在公司，为公司长久服务。

◎好的工作环境营造良好工作氛围

良好的工作氛围是员工选择这家企业的重要原因之一。工作氛围能够影响一个人的情绪，好的工作氛围能使员工心情愉快，进而提高自己的工作效率，这对于企业来说至关重要。

试想一下，当早上你来到公司看到的是纸屑满地、桌面狼藉的办公室，上班之后员工之间没有交流，整个办公室被压抑枯燥的氛围所包围，你还会有热情投入一天的工作吗？还会全力以赴地完成工作目标吗？那时你所想的肯定是赶快逃离办公室。所以良好的工作氛围是企业发展的基础。

工作氛围的营造离不开一个好的工作环境，好的工作环境除了干净整洁的工作硬环境之外，还包括工作软环境。软环境包含很多，其中有良好的制度、健康的人际关系等。营造好的工作氛围应该从以下三个方面着手。

一、舒适的办公环境

对于大多数的工作时间都在办公室度过的员工来说，办公环境不光影响一个人的身体健康还会影响一个人的情绪，进而影响员工的工作态度和工作效率。

要保证一个安静的环境，首先公司选址要选在一个较为安静的地段，而且公司内部环境也要尽量安静。另外还要配备完善的保洁人员，保证办公环境干干净净，同时办公室在设计时要尽可能保证充足的个人办公空间，不要过于拥挤。

为了提高办公环境的舒适度，可以在办公室里添加一些绿色植物，让员工心情舒畅，也为办公室增加一些清新的感觉。

二、和谐的同事关系

满足了舒适的办公环境后，下一个关键点就是和谐的同事关系。这一方面需要领导在平时注意自己的言谈举止，不要把自己摆在高高在上的位置上，要带头与员工建立和睦的关系，另一方面在同事间出现矛盾时，要积极去化解矛盾，帮助同事和谐相处。和谐的同事关系能够促进团队间的协作，提高团队的工作效率。一个成员间互相帮助、互相激励的团队，绝对要比一个互相拆台的团队工作效率高得多，所以和睦的关系才能让一个团队产生良好的效益。

三、完善的制度和良好的企业文化

良好的工作氛围能够让员工工作起来积极热情。首先要在制度层面明确各部门各职位间的职责，良好的合作关系是工作氛围良好的一项重要标志。各部门间的分工明确，出现责任才不会出现互相推诿的情况，才能形成良好的协作氛围；其次还要建立优秀的企业文化，让员工形成统一的价值观，确定统一的企业愿景，形成一个互相关心、互相激励的工作氛围，从而激发员工的热情和主动性；最后还要建立自上而下的平等沟通环境，这是建立良好氛围的基础。

良好的办公环境能使员工舒心，良好的工作氛围让员工积极上进，而建立以良好的办公环境为基础的公司氛围是企业的责任和义务，也是企业健康发展的必然要求。

激励技巧和要点

· 良好的氛围来源于舒适的办公环境。办公室的卫生洁净、安静宽敞，会给员工一天的好心情，会促使员工更好地工作。

· 良好的氛围来源于和睦的同事关系。企业内部的和谐能够提高一个团队的战斗力，进而提高一个企业的竞争力。

· 良好的氛围来源于企业文化。良好企业文化的形成需要完善的制度和公平公正的环境，良好的企业文化让员工形成统一价值观和奋斗目标。

◎维护员工间良好工作关系

有的企业会出现员工离职率高、工作效率低下的问题，企业往往会从薪酬制度和绩效考核方面寻找问题的解决方法，但是很多时候却是企业人文管理出现了问题，比如说员工间的关系管理。

工作关系的管理是企业管理中的重要组成部分。和谐的工作关系是激发员工工作热情，提升员工忠诚度、培养员工归属感的重要工具，所以作为企业管理者要时刻注意员工间关系的管理，培养良好的工作关系。如何维护好员工的工作关系呢？可以从以下几个方面着手。

一、管理者的高度重视

员工间的关系说到底是人与人之间的问题，所以管理者在其中起到了极为关键的作用。管理者一定要在意识上高度重视员工间关系的重要性，只有管理者重视才会想方设法地解决好这个问题。为了提高管理者的重视度，可以将部门员工的关系作为部门管理者的一项考核指数。

企业部门管理者可以主动和人事部门合作，一方面协调公司利益与个人利益的关系，维护好企业与员工的关系；另一方面要积极协调员工之间的矛盾和纠纷，增强团队的稳定性，提高团队的工作效率，进而促进企业的发展。

二、建立完善的激励约束制度

企业要制定详细可行的规章制度，引导员工的日常行为。制度建设的意义在于为员工树立价值导向，激励制度告诉员工什么行为是企业所弘扬和鼓励的，约束制度则告诉员工什么行为是禁止和不被允许的，这样清晰的行为准则可以减少员工失误发生率。

另外企业可以针对员工的关系管理建立专门的制度，在这个制度中可以规定诸如员工间不得因为私人矛盾影响工作进度，否则将予以处罚；帮助他人解决矛盾的行为可以给予表彰。公司还可以设立专门的“团结奖”，表彰那些善于处理同事关系的员工，为他人树立榜样，鼓励其他员工向这样的行为学习。

三、招聘合适的人

招聘是一个员工进入企业的通道，人事部门一定要在源头上把好关，充分考察员工的性格和处事态度，以及对本企业倡导的和谐协作的企业文化是否认同，坚决剔除那些容易引起矛盾的人。另外企业在内部提拔管理者时，一定要考察他的人际关系处理能力和沟通能力，不然一个不会沟通的管理者有可能会导致团队的内部冲突，而不会疏导员工间的矛盾，将影响整个团队的工作能力。

四、营造沟通无限的工作氛围

沟通是解决矛盾最高效的方式，是员工间关系的润滑剂。企业可以建立正式沟通制度和非正式的沟通制度，可以定期组织员工间的沟通谈话，形式可以多变，可以是茶话会，可以是座谈会，甚至可以是一场郊游。企业要为员工间的沟通创造环境，比如建立员工休息室和茶水间，员工可以在休息娱乐时进行交流。企业要营造一种信息共享和人人平等的氛围，日常的谈心和工作间的沟通都是消除员工间隔阂的有效方式。

激励技巧和要点

· 员工间的良好关系依靠沟通。沟通是解决误会和矛盾的重要手段，企业要营造良好的沟通氛围，还要建立管理者与员工之间畅通的沟通渠道。

· 员工间的良好关系依靠制度。制度是员工的行为准则，在制度层面规定什么行为可以做，什么行为不可以做，引导员工处理好自身的人际关系，鼓励员工帮助其他员工解决矛盾。

◎ 关爱员工的家庭

员工都有自己的家庭，一个和睦平安的家庭是员工工作的动力，也是员工努力工作的原因之一。员工工作是为了给家人创造更好的生活条件，如果一个员工的家庭正处于困难时期，那么他是无心工作的，管理者要注意这一点，要时不时地关心一下员工的家庭，相信这比关心员工本人更让他感动，激励效果更好。

家乐福超市有个传统，在每年孩子开学前，都会组织一场员工子女首次入学的动员会，届时会邀请所有入学的孩子及家长来参加，动员会上除了歌舞表演外还有一个亲子互动环节，超市专门对孩子进行孝心教育，在这个环节让孩子充分理解爸爸妈妈的付出。最后还会给每个孩子赠送一套学习用具，祝福他们在学校里取得好成绩。这是家乐福超市企业文化中“关心员工”的最真实体现，也是家乐福企业能够持续发展的一个重要原因。

企业采取怎样的措施来体现关爱员工的家庭是管理者要思考的问题，

以下几种可供参考。

一、定期组织家庭活动

很多企业都会选择一天作为企业的家庭活动日，在这一天会邀请所有的员工及家人参加活动，这种方式加强了员工之间的交流，也促使员工的家人更了解企业，更认同企业，更能支持自己的家人在这样的企业上班。

A公司是一家煤炭开采企业，一直都有一个问题困扰着企业，那就是大量的人员流动。由于这个问题，使企业的培训成本不断增高，同时也影响了企业的开采效率。公司经过走访调查发现，员工之所以不能长时间留在公司，主要是因为员工家人担心会出现危险，了解到这一情况的管理者提出要举办家庭参观会，邀请员工的家属来体验一天开采生活。通过体验，家属们看到了企业完善的安全保障措施，看到了员工良好的生活环境，家属们纷纷认可了这份工作，这之后员工的流动率也大大降低了。

二、及时解决家庭困难

员工家庭经常会遇到各种各样的问题，比如家人生病、生活困难等，一旦这些问题不能及时解决就会影响到员工的工作热情，进而影响工作效率，如果在员工最需要帮助的时候企业伸出了援助之手，将大大提升员工的忠诚度。

小张今年25岁，供职于一家互联网公司的程序员岗位，工作努力踏实，是团队中的技术骨干。最近他很忧虑，他的妈妈突发脑出血住院了，由于手术和住院的花销很大，小张整天心不在焉，经理看出了小张的精神状态不对，仔细询问便了解到了这一情况，随后找人帮小张妈妈转到了一家更好的医院，并私人借给他一笔钱。小张从此后工作更加努力，一直供职于这家公司。

三、着眼细节，体现关怀

细节才能体现企业对于一个员工的关怀，企业可以在每个员工过生日时，送上一份小礼物，还可以为员工入学的孩子送上一份文具，或者是建立一个员工家人群，在一些特殊的节日送上祝福。

关爱员工家庭的方法有很多，企业应该根据自己的情况采用多样的关爱方法，通过这些方法让员工的家人也融入企业中来。

激励技巧和要点

· 关爱员工的家人需要管理者去执行。企业要给管理者灌输关爱员工家人的思想，通过管理者来传达企业对每个员工的关怀。

· 将关爱员工家人融入企业文化中。企业文化是一个企业价值观的体现，将关爱员工家人融入企业文化中，成为全体员工的理念和信仰。

◎细微之处体现真诚关怀

优秀的将领都有一个共同的特点，格外关心士兵的衣食住行，关注士兵的家人，从细节上感动自己的将士。同样的道理，作为企业的管理者也应该关心自己员工的生活和情绪，这样能使领导与员工间保持良好的关系，激励团队的士气。聪明的管理者明白通过细微之处向员工传递关心的重要性，细节上的关心能够赢得员工的好感和信任，能够提升管理者的个人魅力。

对员工表达关心可以体现出一个领导的品质，能够反映出领导对员工的重视程度。

细节决定成败，关爱员工从细节着手，而管理者只有做好细节才能够成就大事。具体来说管理者应该从以下几点做起。

一、记住员工的生日，及时送去祝福

生日对于每个人都意义非凡，在员工生日的当天，作为管理者如果能够送去祝福，甚至为其办一个简单的生日会，会给员工带来家一般的温暖，深深感动员工，激励员工更努力地工作。另外在其他的节日送上祝福也能达到较好效果，比如在儿童节为员工的小孩送一份小礼物等，都是对员工的关心。

二、关心员工的健康

关心员工的健康并不仅仅是组织员工体检等，还可以体现在平时的一些细节上。比如，当看到员工咳嗽时，可以及时问一句“你是不是感冒了”；当员工精神不振时，可以问一句“是不是昨天没睡好，一定要注意休息啊”；在员工生病后，要及时去探望，生病往往是一个人最脆弱的时候，及时的探望会让员工记忆深刻。

三、关心员工的休闲

适当的休闲是为了更好地工作，作为管理者应该关心员工的休闲问题。企业可以为员工专门开辟出舒适的休闲空间，并在员工工作压力大的时候提醒一句“小张，工作是做不完的，去打会儿乒乓球放松一下，回来说不定问题就解决了”。这一句细心的提醒，将胜过千万句鼓舞的话。

四、关心员工的个人问题

现代企业中存在着大量的大龄未婚青年，公司可以为他们办场年轻人的联谊会，还可以单独为某个人介绍合适的朋友，这会让员工感到温暖。

此外，可以关心的细节还有很多，比如关心员工的吃饭问题，合理安排食堂菜单，使菜品包含南北菜、酸辣甜口、米面主食等，让员工随意找到自己喜欢吃的，另外对于员工家人的关心也是细节的体现。

企业只有温暖了员工的心，才能留住员工的人。从小事做起，从细节上关爱员工，从细微之处传递企业的关心，才能更容易留住员工的心。

激励技巧和要点

· 找准细节。对于员工的关心要找到适当的细节和小事，并配合适当的语言和方法，将企业的关心准确地传递给员工。

· 细节能够看出企业的真情。在大的方面对员工关心，每个公司都会注意，每个管理者都会做，这已经成为一种常态，员工们已经没有了特别的感觉，而细节方面却不一样，别人不关心的地方，如果你的企业关心到了，就会给员工留下极好的印象，就会感动员工。

◎ 给员工闪光的机会

每个人都有自己的闪光点，都有自己比较擅长的地方，都有比别人优秀的方面，一旦这些地方充分展现出来，将会极大增强一个人的自信心。作为企业管理者要善于发现员工与众不同的地方，要善于发现员工的特长所在，并给予员工展示特长的机会，这样一来，不光增强其自信，还能促使其对企业更加忠诚，对工作更加卖力。

怎样才能发现一个员工的特长呢？一方面要注意观察，古语有云“千里马常有，而伯乐不常有”，企业不缺少有才能的员工，只缺少能够发现“千里马”的管理者。所以管理者在日常的管理中，要注意观察，从一些事情和细节上发现员工的特长；另一方面要多与员工沟通，通过与员工的聊天，通过一些问题的讨论，发现员工具备的特长，并加以鼓励与支持。

为了不埋没员工的才能，企业要针对性地为员工提供展示的舞台和机会，让员工的才能散发光彩，让员工的特长得以施展。

一、才能与岗位匹配

将合适的员工放到合适的岗位，是企业管理的基本要求。在了解到员工的特长后要将员工安排到适合的岗位上，这样员工才能为企业创造价值，也能为员工自己创造价值。

小胡是一家公司的办公室文员，但是她现在很苦恼。她本是个生性活泼的女孩，但是办公室的环境过于安静枯燥，这让她越来越不适应。而且由于她是个闲不住的人，在办公室里总喜欢到处走，还喜欢和同事们激烈地讨论，在经理的眼中她是办公室的“不安定因素”，破坏了办公室的办公环境，所以领导不太喜欢她。这一切小胡都感受到了，她一度想要离开公司。

转机发生在办公室换了新经理之后，新经理上任不久也发现了这个问题，但是他找到小胡，通过交谈，给了她一个建议，让她转到销售部试试。经过深思熟虑，小胡转到了销售部，没想到她在销售部简直是如鱼得水，将她的特长发挥得淋漓尽致，成了销售部里的潜力股，经理眼中的“宝贝”，不久她就因为业绩突出而被评为最佳员工。

二、给予特长发挥的舞台

并不是所有的特长都能够运用到工作中，有的特长可能只是员工的个人爱好，但是企业对于这样的特长一样要重视，一样要给予发挥的舞台，这些特长的发挥或许能够增强员工的自信。

汪枫是个内向的人，在公司里一直默默无闻，很少与同事交流。一次经理路过一个篮球场，发现汪枫在球场上像换了一个人，球场上的他自信潇洒，有一种特别的魅力，看着他的背影，经理若有所思。年终经理建议公司举办一场篮球赛，鼓励大家报名参加，但是经理在报名单上没有看到汪枫的名字，于是经理亲自找到他，鼓励他参加篮球赛。被劝着报名的他在球场上竟然一鸣惊人，他高超的球技、自信的笑容给人们留下了深刻印象，而且在行业高端篮球联谊大赛中为本公司斩获了荣誉。从那之后大家给他取了个外号“流川枫”，他在公司的人缘也越来越好。

激励技巧和要点

· 工作特长要找到合适的岗位。员工如果在某方面具有别人没有的特长，作为管理者要及时调整他的岗位，使其能力与岗位匹配。

· 企业要为员工的业余爱好提供施展的舞台。爱好和兴趣有时也会成为员工的特长，对于这样的特长，企业要尽量多组织比赛，让员工有个发挥的舞台。

◎ 给尊重比给金钱更有效

企业想要在竞争激烈的市场中脱颖而出，就要充分调动员工的聪明才智，而对员工的尊重是激发员工创造力的关键，有时企业尊重员工要比提高员工的收入更能激励员工。尊重不是一个简单的口号，不是一个动作和问候可以涵盖的，它拥有更深层次的意义和作用。

企业管理者要抓住所有可以表现尊重员工的机会，尤其是一线职工，他们要么是产品的生产者，要么是服务的提供者，他们的表现将直接影响企业的效益。员工平时很少直接接触到高级管理者，如果管理者能够及时肯定他们的工作，赞扬他们的表现，这会极大地激发员工的工作积极性。而难点在于管理者如何让员工感受到被尊重。

一、对员工专业的认可，是对员工最好的尊重

员工渴望被认可，尤其是对自己专业技能的认可最能让员工感受到被尊重。

张丽是一家集团公司的法务经理，手下有一个刚毕业的政法大学研究生。虽然法务部听起来高大上，但平时的工作也是很繁杂的。刚开始这个毕业生很有激情，但时间一久他就变得有些无精打采了，尽管所有的工作依然做得不错，但总感觉缺少了刚开始的激情。

一次销售部经理在与一个客户签订合同时遇到了麻烦，领导们在讨论如何解决时，张丽无意中发现那个毕业生似乎很关注这件事，眼神中透着不一样的光。于是张丽就让他说说自己的意见，并安排他参加管理层的会议。

在会议中，这个毕业生凭借着自己丰富的专业知识，指出了合同中的不妥之处，并给出了修改意见，在随后的修改中，毕业生全程参与，起早贪黑。他的专业和勤奋得到了同事和领导的一致认同，从此之后，他的工作态度改变了，变得比刚开始还要有激情。

可以看出对这位毕业生法律专业性的认可，得到了极好的回馈效果，也让他感受到了尊重，从而重燃了工作热情。

二、对员工家人的尊重，是对员工最好的尊重

家人是一个人的后盾，更是一个人的责任，人有时把家人看得比自己还重要。对于员工家人的尊重恰恰是对员工最大的尊重。

小张是公司的程序员，经常需要加班，他爱人担心他的身体，有时会带着孩子给他送夜宵。时间一长，小张的经理也认识了他的爱人和孩子，自从知道了小张孩子的生日后，经理总是在小张孩子生日的那天将礼物交到小张的手上，从没忘记过，这让小张非常感动。

三、对员工的信任，是对员工最好的尊重

信任说起来容易，做起来很难，但如果管理者能让员工感受到信任，同样能获得员工的衷心回报。

小刘是一家工厂的技术顾问，有一天公司的一台关键设备发生故障，全厂都处于停工状态，小刘马上对设备进行检修，发现是一个关键零部件坏了，由于该零件需要从国外购买，小刘只能建议把备用设备上的零件换上先用，经理立马批准了。可是刚把备件换上去没用多久，设备又坏了，更糟的是这次把另一个零件也磨坏了，在场的人都开始埋怨小刘不应该图省事，现在反而更严重了。小刘顶着压力建议加急从国外进口，经理认真听完后二话不说就签了字。在整个事件中最让小刘感动是经理的信任，如果不是经理绝对的信任，说不定在众人的指责中，他早就离开公司了。

由此可见，领导对员工的信任就是对员工最好的肯定与尊重。

激励技巧和要点

· 尊重源于信任。对员工能力的信任，以及对员工品德的信任，是对员工最好的尊重，有利于维护员工的积极性并赢得员工的忠诚。

· 尊重源于关心。对员工的关心，以及对员工家人的关心，都是对员工的尊重。

第十章
语言激励，一句话可以激荡一个灵魂

◎叫出每一个员工的名字

戴尔·卡耐基曾说："记住并轻易叫出别人的名字，是你对他最大的恭维。"名字看起来似乎只是一个符号，但它却是把人与人区别开来的标志，每个人都希望被人记住名字。如果领导能够准确地叫出每个员工的名字，会让员工觉得自己被尊重，从而拉近领导与员工之间的距离。

准确叫出一个人的名字，会让他感到亲切，反之会让他感到疏远。作为优秀的管理者，你最好能够叫出每个员工的名字，这个至关重要。不管你的团队人数有多少，你都要尽量记住每个人的名字，让他们感受到亲切和尊重。

美国总统罗斯福掌握一种最容易获得别人好感的技能，那就是记住别人的名字。一次克莱斯勒汽车公司专门为罗斯福制造了一辆汽车，在送车的队伍中跟着一名技师，当汽车到达白宫时所有人都被介绍给罗斯福。这位技师性格腼腆一直躲在人群中，罗斯福只听了一次他的名字，但当他们离开握手时，罗斯福却准确地叫出了这个技师的名字，让技师非常感动。

要记住每个员工的名字不是一件容易的事，并不是所有人都具备这一特殊技能，对于一个普通人来说，如何做到这一点呢？下面介绍几种方法。

一、当介绍别人名字时，用心倾听

有的人出于礼貌会主动询问对方的名字，但是在对方介绍时，往往心不在焉，对方还未离开，已经忘了他的名字，更谈不上下次见面直接叫出名字了。当对方介绍了名字后，要在脑海中多记几次，好的方法是将名字用一种形象的方法记住，比如名字叫马化腾，可以想象到唐僧的白龙马，一匹马化作白龙腾空而起，这样印象就会深刻，记忆就会长远。

二、把名字和特点结合在一起

每个人都有独有的特征，有的是外形上的特征，比如眼睛很小，脸上有颗黑痣等；有的是行为上的特征，比如他坐着爱晃腿，走路爱踮脚等；有的是职业上的特征，比如他打字的速度特别快等。可以将名字和他们的特征联系在一起进行记忆，效果更好，比如“王刚=那个字写得特别好的人”，这样就不容易忘记了。

三、随身带个记事本

如果是尊贵的客人，切记不可当面记录，可在人走后再记录。但是对于员工，可以说自己的记忆不好，允许我记下来，这样反而会让员工感受到尊重。记的时候不能只记名字，还要把这个人的特征、职业、年龄等基本信息附在后面，以方便记忆。

四、多多接触，加深印象

平时管理者可以多与员工接触，可以与员工一起工作，或者加入他们的娱乐活动中，与他们促膝谈心，或者听取他们的意见建议，这样管理者不光能记住他们的名字，还能知道他们的想法。

激励技巧和要点

· 记住每个员工的名字。依靠自己的记忆力，或者依靠上述的方法，确保记下每个人的名字。

· 准确叫出每个人的名字。切记千万不可叫错员工的名字。在实际生活中，领导可以临时通过身边人叫出员工的名字，如果实在没记住，可以不叫其名字。切记宁可不叫，也不要叫错，一旦叫错会让员工从内心反感领导。

◎和员工谈心，把话说到对方心里去

管理者与员工谈心能够了解员工的情绪，能够及时发现员工的情绪波动，能够及时发现员工的问题，发现企业现阶段所面临的问题。另外谈心也体现了企业的人文关怀，只有谈心才能知心，只有知心才能交心，只有交心才能齐心，如果没有齐心又何来企业凝聚力呢?

谈心要想取得效果，就要针对员工的心理，句句说出员工的心中所想，形成一种强烈的共鸣，才能够听到员工的真实想法，才能发现问题所在。但是要保证把话说到员工的心里去，就要掌握一定的技巧。

一、用心观察，抓住员工的小心思

领导在与员工谈心时，要从始至终注意观察员工的语言和体态，从中发现员工的心思。人的内心活动是隐秘的，而且是善于伪装的，当人用语言将内心想法表述出来之后，往往是经过加工的。虽然语言可以伪装，但是神态、语调、肢体动作等都会暴露一个人内心的真实想法，领导要注意观察，从而了解员工的内心状态，从容地掌握整个谈话过程。

分享一个案例。陈洁是公司的人事部经理。一天，她要和一个员工谈话，当陈洁说要和他聊聊的时候，他的回答是“好”，但是语气中却透露着一种不解和迷茫，表示他在揣测对方要和他谈什么。感受到这样的情绪后，陈洁用和缓的语气说：“今天我不是以人事经理的身份和你聊，你平时叫我陈姐，我们就以姐弟的身份聊聊天。”陈洁希望用这样的身份打消对方的疑虑。当然疑虑不会这么容易打消，虽然听到陈洁的话他笑了，但笑容比较僵硬，坐姿也处于紧绷状态。很显然，这个员工的神态和动作都表示了他的内心处于一种防御状态，所以作为领导想要取得谈心的效果，必须先打消员工的疑虑。

二、用心聆听，找到员工的关键诉求

领导在倾听员工说话时，一定要用心去听，不放过任何一个细节，发现员工的关注点，以此为切入点，把话说到点上。

还是上面的案例。接下来的谈话中，陈洁问他对自己的工作是否满意，对公司的环境是否满意。他的回答是："对公司很满意，同事们都乐意帮助人，自己有什么问题能及时得到解答，领导安排的一些事，也都努力完成。"看似平常的回答，陈洁却从中听出了不平常，接着问道："你的经理会安排除了工作外的其他事给你做吗？"他说："都是工作，有些是其他同事没做完的工作。"员工这样回答，陈洁却通过用心聆听找到了关键点：他对自己的经理有怨言。

三、换位思考，说出员工的心里话

换位思考说起来简单，但真正做到却不容易，作为管理者在与员工的谈心中，要经常站在员工的角度看问题，这样才能理解员工的心中所想。

接上个案例。当陈洁了解到员工的真实心理后，她说："我知道完成额外的工作很辛苦，需要时常加班，你为公司的付出，我们都看到了。我以前刚到公司时也遇到了你这样的情况，起初我也很不理解，但是我渐渐发现，做这些额外的工作让我进步很快，不久便成了业务骨干，这说明我做这么多工作领导都看在眼里，因而我很快就得到了晋升。"陈洁将自己放在员工的位置上帮他说话，并用自己以前的成功经历鼓励员工，让员工明白领导也是在为他着想。

激励技巧和要点

· 一场成功的谈话需要察言观色。如果不注意观察和倾听，抓不住员工的内心真实想法，谈话就找不到重点，找不到切入点，自然就不能将话说到员工的心里去了。

·将话说到员工的心里必须掌握换位思考。换位思考可以让领导了解员工此时此刻的想法，理解员工的做法，说出的话才能产生共鸣，进而才能做到有的放矢，谈心才能取得好效果。

◎动员大会的发言技巧

领导讲话是领导内心想法的直接阐述，也是领导工作能力的体现，更是动员工作能否取得成功的关键。但是大多数的动员讲话，员工都不喜欢听，更谈不上能获得动员效果。

动员发言之所以很少有员工能真正听进去，究其原因有以下几点。第一，套话废话太多，迟迟不能进入主题。人的注意力是有限的，研究发现一般会议中，前二十分钟是员工注意力最集中的时间。第二，书面语太多，有些员工听不明白，因此动员讲话一定要深入浅出，语句直白，只有听明白才能很好地执行。第三，思路不清，逻辑错误。有的领导讲话时思路不清晰，导致颠三倒四，前后逻辑不通，这样的动员发言没有效果。第四，工作内容不明确。动员讲话一般都会给员工布置任务，但是有的领导讲话冗长，层次不明，导致员工听了半天不知道领导在说什么，甚至一场动员大会结束而员工根本不知道自己接下来要干什么。

究竟如何做动员发言才能充分调动员工的积极性，才能激发员工的激情呢？总结下来可以是以下四点。

一、为什么做

想让员工去执行任务，必须首先让员工认同这个想法，也就是为什么做。古语说：“名不正则言不顺，言不顺则事不成。”想让员工心甘情愿地去做事，就必须形成统一的思想认识。一般可以从两点进行阐述，一点是告诉员工必须要这样做，不做不行；另一点是让员工明白之所以这样做是因为企业的需要，是员工自身发展的必然要求。

比如，一家企业要进行制度改革，但是员工们已经习惯了现有的工作环境和制度，自然会抵触改革，这时领导动员发言第一点要讲明的就是“不改不行”。第一，改制是公司高层的命令，必须严格执行；第二，改制是公司发展的内在需要，体制的僵化已经影响了公司的发展，也制约了员工个人的发展和进步；第三，如果不改，公司的市场会越来越小，业绩会越来越差，员工个人的收入自然就会越来越少，甚至会导致企业停产，员工失业。

二、做什么

动员讲话一定要让员工明白自己能做什么，应该做什么。讲话前要将各个部门、各个岗位的任务详细列出，并在动员时进行明确。对于任务较重的部门要重点安排，对于任务轻的部门，要交代他们配合其他部门工作。

三、怎么去做

明白了任务，下一步就是让员工知道怎样去操作。比如要过河是企业的任务，但如何过河，是选择走桥还是乘船还是涉水呢？如果走桥，桥在哪里？如何到达？如果乘船，怎么乘坐，一次运送几个人，先后顺序是什么？如果是涉水，选择从哪个河段涉水。只有将步骤明确，员工才会目标明确。

四、做好后的效果是什么

领导在做动员讲话时要善于为员工描绘美好的未来，要为员工画个美味的大饼。如果连饼都没有，员工哪来的动力去行动呢？前景的描绘就是要告诉员工如果前进，美好的未来就不远了，但是如果不动，美好的那一天绝不会到来。

比如公司改制成功后，公司的市场会扩大，员工的业绩会更好，工资和奖金会更高，晋升得更快，会拥有更多的自主权，描绘这样的前景相信会得到很多员工的支持。

激励技巧和要点

· 动员讲话要言简意赅，直入主题。过多的开场白会消磨员工的耐心，发言一定要逻辑清晰，重点突出，直截了当地表达主题思想，抓住员工的注意力。

· 动员讲话要善于描绘前景。美好的未来总是能给人无穷的动力，领导在发言中要为员工描绘一个美妙的未来，以便激发员工的前进欲望。

◎对工作出色的人给予表扬

表扬是激励员工的一个重要手段。心理学家威廉·詹姆士说过："人类本性最深的企图之一是期望被人赞美和尊重。"企业员工都希望得到领导的认可，都希望自己的努力得到表扬，而领导一句普通的表扬也能给员工带来难以想象的魔力，这就是表扬的激励作用。

工作成绩突出之人自然应该得到领导的表扬，表扬是一种肯定也是员工继续努力的动力。但是现实生活中，有很多领导是结果主义者，他们对于成绩出色的员工自然不吝表扬，但是对于那些付出了努力，工作结果却不那么突出的员工，往往不予理睬。其实这样的员工也应该得到领导的表扬。

可以想象，工作中最糟糕的待遇莫过于付出了努力，取得了成绩，但是没有得到别人的认可和肯定。作为企业管理者应该不吝赞赏，对工作出色的员工要及时给予表扬，这样既可以激励员工本人，又可以提升团队士气，提高公司业绩。

表扬员工不光要不吝啬赞美，还要掌握表扬的方式方法。

一、不要私下里表扬

表扬本身除了肯定被表扬员工外，还要起到激励其他员工的作用。表扬是对员工出色成绩的赞美和肯定，如果是当着其他员工的面进行表扬，一方面会放大这种肯定程度和赞美程度，会让受表扬者获得更大的满足；另一方面是当着其他员工的面表扬先进，就是要树立一个榜样，激励其他员工在以后的工作当中向该员工学习。

二、表扬要及时

有的领导喜欢将员工的成绩攒起来，然后在一个正式场合进行表扬，领导认为正式场合激励效果更好，殊不知这一做法违背了表扬的及时性原则。员工对于表扬是有时间周期的，一旦过了这个时间，员工对于表扬的渴望将不会那么强烈，激励的效果将大打折扣。在员工做出优异表现后，管理者要及时表扬，哪怕只是一句肯定的话，都会收到良好的效果。

小张最近很郁闷，作为公司车间的技术员，他在上个月发现了机床上的一个问题，并及时进行了修正。也正是由于他的及时发现，才为公司避免了上百万的损失。换句话说，小张为公司做出了上百万的贡献，但是已经过去了很多天，领导对于这件事情没有任何表示。小张有些埋怨公司，甚至对公司失去了信心，准备离开公司。小张将辞职的想法告诉经理之后，经理感到十分惊讶，并说自己正准备在月底召开的员工大会上公开表扬小张，但此时获得这个消息，小张已经不那么开心了，心中的委屈也并没有消失。

可见，对于成绩出色员工的及时表扬有多么重要，一旦你错过最佳时间，即使后来表扬了员工，效果也会大打折扣，甚至会让员工产生负面情绪。

激励技巧和要点

· 不要吝啬对员工的表扬。表扬员工是所有员工激励手段中成本最低的，领导要多多表扬那些该受表扬的员工。

· 表扬员工要公开。只有公开表扬才能让员工感受到公司对于自己的重视和肯定，也才能激励那些没受表扬的员工，激励他们更努力地工作。

· 表扬员工要及时。过后的表扬起不到激励员工的作用，只有及时的表扬才能让员工的心中获得最大的满足。

◎有效赞美的技巧

赞美是一种激励手段，赞美也是一种领导方法，要讲究策略和技巧，如果不掌握这些技巧，赞美往往会起到反效果。

有效的赞美要掌握三个技巧。

一、把握时机，不前不后正当时

什么时候赞美员工最合适呢？当员工刚刚取得工作成效，或者员工的工作状态正处于最佳状态时赞美最好，过早的赞美或者迟到的赞美都达不到激励的效果。

许多管理者明白赞美要及时的原则，但是在实际工作中，却把握不住时机。赞美是一种资源，一定要用得恰到好处。如果员工刚刚在工作中做出一点点成绩，就天天赞美，这很容易让员工产生自满情绪，影响员工的再进步；但如果员工工作很努力，也取得了不错的成绩，但是管理者却迟迟不赞美，这会使员工泄气，丧失工作热情。

赞美要把握合适的时机，当员工的工作状态还没有达到最佳时，要稍微等一等、压一压，促使其尽快达到最佳状态，当员工的最佳状态到来后，要及时赞美，让员工的最佳状态保持得久一点。

怎样找到最佳时机呢？就需要管理者细心观察，耐心沟通，充分了解员工的工作状态和需求，及时发现赞美的最佳时机。

二、找对方式，让员工感受到尊重

在什么场合，用什么样的方式赞美员工是有讲究的，但是管理者往往忽略这个问题，赞美过于随意，效果也不尽人意。

首先选择合适的场合赞美员工。一般要选择工作场合，而不要在非正式场合赞美。有的领导在工作场合从不赞美员工，反而在一些非正式场合，比如酒会、舞会等场合，说上一两句好话，员工根本感受不到是赞美，更感受不到被尊重。另外管理者要知道，当有第三者在场，尤其是与公司有业务往来的客户在场的时候，赞美员工将会放大激励效果。

其次选择合适的方式，有的赞美适合公开场合，有的则适合将员工叫到自己的办公室，悄悄地赞美。

赞美是一件严肃的事情，正如你在训斥一个人时从不嬉笑一样，赞美员工时要正式，从而使员工感受到尊重。

三、赞美要说到对方的心里去

如果说有的管理者不会赞美是因为不会把握时机，不会选择场合和方式的话，那么有的领导不会赞美就是因为其“不会说话”，说不到员工的心坎上。

有的领导赞美员工总是用一些笼统的话语，比如“你工作很努力”“你表现得不错”等，这些会给员工不是真心赞美的印象。管理者在赞美时一定要针对每个员工的突出点，要表扬他的过人之处，比如“你的这个方案做得太棒了”“你的这个方法解了公司的燃眉之急”等，这样的赞美才会被员工所接受。

赞美时必须真心实意，不要让员工觉得你的赞美很敷衍，要让员工感受到被尊重，这样的赞美才会起到激励的作用。

激励技巧和要点

· 赞美要注意场合。尽量选择工作场合，或者有客户在场的场合，这样的赞美会加大对员工的激励作用。

· 赞美要掌握合适的时机。不要过早也不要过迟，不要过多也不要过少，一定要恰到好处，既肯定了员工的成绩又不会使员工骄傲自满。

· 赞美要说到点上。不要用一些泛泛的赞美词汇，要针对员工的特点和成绩，做出恰当具体的表扬。

第十一章
价值引导，对工作发自内心地“热爱”

◎让每一位员工觉得“我的工作很重要”

现代企业管理中，很多管理者只看重工作的成效和工作效率，而不重视员工是如何看待自己工作的，认为只要员工能够完成企业交办的任务就可以了，而企业无非就是通过强制和物质激励来让员工完成任务。但是越来越多的案例告诉我们，让员工自发地工作才是管理的真谛。

员工只有认识到自己工作的重要性，认为自己做的事情是有意义的，才会激发内在动力，才会主动完成工作。心理学家马斯洛曾说过：“不值得做的事，就不值得做好！”所以，想要把员工管理好，就必须赋予工作的意义，并让员工明白自己工作的重要性。让员工感受到工作的意义，让员工在自愿的情况下工作，不要仅仅只要求工作结果。

任何人都不会满足于工作只是为了生存需求，总是希望工作满足更高的需求，拥有更多的意义。如果失去价值的引导，工作就会丧失主动性，而员工的主动性是企业向前发展的动力。

每个人都希望自己所做的工作意义非凡，希望自己的工作对于企业来说非常重要，只要一件工作被认为是有意义的，那么员工便愿意为之付出全部。所以，赋予工作的意义是一种高级的管理方法，能够提升管理的效果，能够激发员工的内在动力，一个善于赋予工作意义的管理者，能够持久地激发员工的工作激情。

一支被赋予工作意义的团队是能够创造奇迹的，日本人中有很多是工作狂，就是因为他们认为自己的工作意义非凡，甚至出现了“过劳死”的现象，虽然这是不值得提倡的，但是从一个侧面反映了工作意义对于员工的巨大激励作用。

其实，有意义的工作比单纯的物质奖励更能激励员工，当然，也并不是说不需要物质激励，一个员工加入公司的目的就是为了追求经济利益和精神价值，没有物质激励的精神激励是空洞的，没有精神激励的物质激励是无力的。

赋予工作意义，要善于挖掘现有工作的意义。很多企业都会为工作赋予一个高尚的目标，培养统一的价值观，培养爱岗敬业的精神。很多工作本身就有很高尚的意义，只是没有被发掘，就拿一名清洁工来说，往大的说是美化整个城市，往小的说也是为了让大家出行有个优美的环境。所以管理者要善于发现工作的意义。

从另一方面说，工作的意义也是公司的一种福利，和工资、奖金、权利等一样。工作的意义是无形的精神福利，能够提高员工的敬业精神，使其形成强大的责任感和使命感。

产品可以成为员工工作的意义。有时员工会为自己能够生产出一流的产品、提供一流的服务而感到自豪，这种自豪感本身就是一种工作的意义。比如，曾经有家内地生产企业组团去香港旅游，当他们进入一家商店时，看到了自己生产的产品被摆放在精品区，而且十分畅销，员工们都非常兴奋，其中一个员工说“第一次感觉自己如此了不起”。这种自豪感将促使员工自觉努力工作，加速企业发展。

优秀的管理者应该善于赋予工作不平凡的意义，善于发掘工作的固有意义，让员工认识并相信这一点：有意义的工作能够凝聚人心，使员工迸发激情。

激励技巧和要点

· 管理者要赋予工作的意义。每个工作都有其意义所在，有的意义是利于企业，有的是利于社会，管理者明确赋予工作意义，让员工明白自己工作的重要性。

· 管理者要挖掘工作的意义。平凡的工作也可以挖掘出不平凡的意义，再平凡的工作对于社会也是有用的，因此有必要找到意义所在。

· 让员工相信自己工作的意义。赋予了工作意义还要让员工明白、并且相信和认可，这样才会让员工发自内心地想要工作，想要创造价值。

◎ “ERG”理论中人对于成长发展的需要

“ERG”理论是美国人克雷顿·奥尔德弗在马斯洛需要层次理论的基础上更加接近实际的研究，奥尔德弗认为，人们共存在三种核心的需要，即生存（Existence）的需要、相互关系（Relatedness）的需要和成长发展（Growth）的需要，因而这一理论被称为 ERG 理论。

个人成长需求是人的内在需求，是一个员工渴望自我发展和进步的本能，这种需求通过个人能力的提高和挑战性工作的完成得到满足。作为一个企业管理者如何满足员工的成长发展需求呢？一般可以从以下几个方面着手。

一、充分授权

充分授权可以很大程度上锻炼一个员工的能力，促使员工快速发展。

海底捞在授权方面做得很好，他们规定 200 万元以下的支出直接找副总，100 万元以下直接找大区经理，30 万元以下直接找店长，甚至一般员工都被授予了一定权力，比如可以为顾客提供零食和果盘，需要时他们可以直接给顾客打折或者免单。

充分的授权并不会导致管理的混乱，相反它会带来两个好处：一个是当员工获得一定权力后，在自己能做决定的范围内，会站在管理者的角度思考问题，这样就能培养员工的责任感，提高员工的个人能力；另一个是在授予权力后，员工会更加谨慎，绝不会导致权力的滥用。总而言之，充分的授权提升了员工的能力，促进了员工的成长。

二、给予员工学习的机会

企业的入职培训，是企业为员工准备的第一个学习机会，可以帮助他们快速掌握岗位所需的技能和知识，接下来的工作也是一个学习的机会，在工作中将技能和知识反复运用，逐渐成为自己的技术，如此得到快速成长。

此外，在工作过程中，企业也应该时不时地为员工提供一些学习机会，这些学习能够提高员工的现有技能水平，也能教授给员工一项新的技能，不管是哪一种都是帮助员工成长的渠道。另外当下很多企业流行办“大学”，比如海尔大学、国航大学、用友学院、联想管理学院、阿里学院、蒙牛商学院、百度学院等，这些企业大学都是一个提升员工综合能力的地方。

三、畅通的晋升渠道

更高的职位代表了更难的工作，代表着对员工能力的更高要求。企业要建立良好的晋升制度，当员工在一个岗位上工作出色，已经满足了下一个职位的条件时，就要及时给予晋升。得到晋升的老员工就是新员工的榜样，激励着员工更加努力地工作。

四、通过换岗让员工全方位发展

企业可以为员工提供换岗交流的机会，将完全胜任现有工作的员工调换到另一个岗位，在新的岗位上，员工可以学习到新的技能和知识，为其下一步的晋升打下基础。毕竟企业的高级职位是有限的，不是所有的优秀员工都能得到及时提升，通过换岗的方式，可以继续提升员工的能力，让员工的成长不停步。

激励技巧和要点

· 给员工授权锻炼员工。授权后的员工拥有了权力，但同时也拥有了责任和义务，而责任和义务能促使员工努力工作，直到取得好的工作成绩。

· 让员工学习积累知识。学习是增长技能的直接方式，企业通过入职培训、阶段培训、晋升学习、企业大学学习等方式积累员工知识。

· 不同的岗位锻炼员工。将员工晋升到更高的职位，对员工的能力提出更高的要求，促进员工能力的提升；把员工调换到不同的岗位，使员工掌握新的技能，促进员工的成长。

◎职业规划让员工看到未来

职业规划又叫职业发展管理，是企业为了员工的职业发展制订的一系列的组织、培训、控制等管理活动。职业规划是一种人力资源管理手段，更是一种高级的企业激励手段，目的是保证员工的个人目标与企业目标一致的前提下，对员工的个人发展进行规划，满足员工实现自我价值的需求，从而达到员工与企业的双赢。

随着我国经济的发展，员工的文化素质越来越高，个人意识和发展意识也越来越高，很多员工都对自己的未来发展道路有着自己的规划。企业要顺应时代发展，主动帮助员工完成个人职业规划，引导员工规划和企业发展保持一致。

企业帮助员工制订职业规划的意义是：一、提高了人才培养的针对性。当员工的职业规划清晰明了之后，企业就可以根据每个员工的不同，集中人力和物力帮助员工针对性地提升能力，加速员工成长。二、让员工的自我定位更加准确。清晰的职业规划让员工看到自己未来的路在哪里，应该怎么走，尽可能提高自己各方面的能力，以加快个人职业规划的进度。三、留住人才。员工对于自己未来发展的关注高于对薪酬的关注。一个完整合理的职业规划会将那些有理想有抱负的员工留在企业，与企业一道实现目标。

小王是公司的程序员，开始工作时，他每天都激情满满，对公司也充满了美好的憧憬。经过一年年努力地工作，他渐渐成为公司的骨干，人也步入了而立之年，但是他依然是个程序员，一直做着同样的工作。有了家庭和孩子的他希望给家人一个更好的环境，而在现在的公司看不到自己未来的路在哪里，于是想到了跳槽。其实，他对自己现在的公司充满感情，也舍不得离开，但又不得不离开，很快他凭借自己的技术进入到一家更大的公司担任初级工程师。他很开心，因为这家公司为其制订了详细的职业规划，他知道只要不断努力，自己未来会是中级工程师、高级工程师、技术顾问、技术主管、技术总监。

企业设计职业规划时应该遵守的原则有以下几点。

一、充分了解和沟通

一个合理的科学的职业规划建立在对员工充分了解的基础上，了解了员工的想法，征求过员工的个人意愿，这样制订的规划才会合理准确。

二、规划必须切实可行

企业在制订详细的个人职业规划时一定要与员工现阶段的能力和特点相结合，制订一个阶梯状的职业发展计划，让员工一步步朝着目标前进。

三、个人规划与企业目标相一致

员工的个人规划必须与企业目标保持一致，否则个人职业规划就无从谈起，所以企业在制订员工职业规划时必须考虑企业目标，并保持两者一致。

激励技巧和要点

· 为员工的职业规划建立多通道。所有员工的发展绝不能只集中于一条道路上，要设计开拓各种渠道，比如有技术岗位、服务岗位、行政岗位等渠道，让每个员工都能找到自己今后清晰的职业规划。

· 建立“传帮带”制度。企业的老员工帮助新员工快速进入工作状态，员工的直属领导要成为员工的职业引导人，要告诉员工如何做才能提升职业能力，怎么做才能进入下一个职级阶段。

◎激发员工对学习与成长的渴望

随着社会的快速发展，很多岗位的工作内容更新换代特别快，如果只停留在原来的工作模式中不懂改变，注定会被淘汰。作为公司的管理者，也要看到公司和员工的这一需求，激发员工的学习热情，为员工提高学习和成长的机会，这样不仅可以提升员工的工作质量，还能让员工更愿意为公司服务，也能为公司注入活力。

提高员工的学习热情，促进员工成长，需要多途径的引导，从而激发员工的学习和成长兴趣。

一、利用企业愿景引导员工

企业的发展离不开人才，人才的成长离不开学习，学习的热情离不开企业愿景的引导。企业美好的愿景可以不断吸引优秀人才的加盟，更会激励企业内部员工为了公司的未来努力提升自己的能力，进而激发员工对学习的渴望。

二十世纪的福特公司就将“使每个家庭拥有一辆车”作为自己的企业愿景，当福特公司确定了这个愿景后，企业的每个员工都为此付出巨大努力，有的员工学习如何使汽车零件轻量化，有的员工学习如何使零件更廉价，正是因为有了员工们的不断学习，不断提高，才最终成就了福特汽车公司的辉煌。

卡耐基曾说过：愿景有多大，成长就有多大。是的，企业的美好愿景可以凝聚一批人才，也会使员工保持长时间的学习和成长热情。

二、职业规划引导

大部分员工在刚进入企业时，往往有着极高的学习和工作热情，但是过去一段时间后，一部分员工变得斗志全无。究其原因是在于员工对自己有没有一个很好的职业规划，有规划的员工工作认真负责，而没有规划的员工则得过且过，不思进取。企业不能要求所有员工一进企业就是对自己有清晰规划的人，但企业可以帮助员工制订职业规划，加速其成长。

三、建立学习型组织

学习型的企业才能培养出学习型的人才，才能打造一个有竞争力的团队，并在企业中营造学习氛围，比如组织各种类型的技能和知识比赛，专门建立攻克某个难题的小组，在这些活动的刺激和交流中，形成浓郁的学习氛围，进而保持长久的学习热情。

四、竞争可以带来活力

企业中存在着竞争，部门之间、团队之间和员工之间也都存在一定的竞争关系，而企业有必要维持这种竞争氛围。因为在竞争的环境下，员工才能看到自己的不足，才能看到别人的长处，比如两个员工在为一个职位竞争，一个员工的口才非常出色，另外一个员工必然会增加口才技能的学习，以补足自己的短板，这就是竞争带来的活力，以及持续学习的动力。

五、公正的评价和激励体系

企业具备公正的评价体系才能正确衡量一个员工的能力，有了公正的激励体系才能对员工的进步和贡献及时表彰和肯定。一个员工在工作中取得了成绩，却没有得到企业的正确评价和及时表扬，这必然会打击员工的学习热情。

六、完善培训体系

有的员工渴望学习，渴望进步，但是受现实条件的限制，无法得到满足，所以企业必须针对员工的渴望，建立完善的个人培训体系，及时满足员工的学习渴望，而且还要让员工长时间保持这种热情。

员工的学习和成长是一项系统工程，企业要通过各种途径来激发员工的学习热情，激励员工对于成长的渴望，这样才能为企业培养出真正的人才。

激励技巧和要点

· 完善的制度激发员工对学习与成长的渴望。企业要建立完善的培训制度、公正的考核激励制度和科学的职业规划制度，才能激发员工的学习热情，促使员工成长。

· 和谐的环境激发员工对学习与成长的渴望。企业良好的竞争环境和学习氛围，可以使员工长时间保持着对学习和成长的渴望。

◎鼓励员工去创新

创新是一个企业发展的动力之源，员工的创新是企业的生存之本。但是在一些企业中，管理者们一方面明白创新对于企业发展的重要性，并对员工的创新力不足感到十分忧虑，而另一方面却在实际工作中有意无意地压制员工的创新行为，甚至把员工的一些创新定性为“不务正业”，这极大地破坏了员工的创新热情。实际上，员工的创新能力需要企业的培养，需要管理者的引导。

一、让员工充分了解企业

虽说员工一直在企业里上班，对于自己的工作环境和工作内容非常熟悉，但是大部分员工对于企业的规划和战略都不甚了解，况且企业规划和战略会随着企业外部环境的变化而变化，其实，这些都要及时传达给员工。

可以想象，一个对企业的发展规划不甚了解的员工不可能给公司提出创新性的建议。管理者的正确做法是定期召开员工大会，将企业的规划和战略目标告诉员工，各部门也要针对自己的业务召开会议，制订本部门计划并传达给员工。

二、保护员工的创新热情

一般来说，员工的创新意识有 90% 以上都是不切合实际的或未必可行，所以作为管理者不要总是抱怨员工创新不切实际，要保护员工的创新意识，因为那剩下的 10% 足以使企业保持旺盛的生命力。

管理者在接到员工创新建议时，要耐心地将建议听完，即使感觉到创新实施的效果不会很好，甚至根本没有实施的条件，也要给予鼓励，并提出自己的看法，引导员工换个思路，让员工感觉企业是鼓励创新的，只是自己的方法不对。

三、实事求是地对待员工的创新活动

对员工的创新内容不要一味肯定，要区别对待。有的管理者害怕打击员工的创新热情，对于员工的创新内容即使感到不可行，也让员工实施看看，但当员工积极开展创新活动时，却得不到企业的人力和财力支持，使

他们感觉企业不重视自己，反而挫伤他们的积极性。因此说，对员工创新内容客观公正的评价，是对员工起码的尊重，也是对员工创新行为的鼓励。

四、不要限制工作以外的创新

员工的创新有时并不在自己的工作范围内，因为人都有探索其他领域的欲望。当员工完成了自己的本职工作后，可以允许他们进行工作外的创新。有时工作外的创新反而会让企业大有收获，甚至成为企业下一个新产品和新卖点。

五、组织活动鼓励创新

如果企业缺乏创新氛围，管理者可以采取一些合适的行动鼓励员工创新，比如可以设置创新奖，对那些给公司提出创新性建议的员工给予奖励，或者组织相关的创新比赛，鼓励员工积极创新。

激励技巧和要点

· 鼓励员工创新需要保护员工的积极性。不论员工的创新内容合不合适，能不能执行，管理者都要首先肯定员工这种行为，进而提出自己的建议和意见，显示出企业对创新行为的鼓励。

· 对员工的创新活动客观评价。不能打击员工的积极性，但也不能一味鼓励员工的创新。对于可行性高的可以实行，但是对于明显没有可行性的，要客观地评价，建议员工换换思路，这其实也是对员工创新的鼓励与引导。

◎植入“工匠精神”

“工匠精神”是一种专注执着的价值观，是一种追求完美的工作态度，是一步一个脚印，全身心地投入。德国是最具工匠精神的国家，他们拥有很多百年老店，手艺一代代传承，正是这样的工匠精神让德国成为质量和信誉的代名词。

改革开放以来，中国经济飞速发展，很多企业只注重效率和速度，这也让员工变得越来越功利与浮躁。中国企业需要将工匠精神融入企业研发、生产、销售等各个环节，将工作变得执着而更趋于完美，只有这样工匠精神才能帮助中国企业更好地发展。

工匠精神并不是只喊喊口号就可以的，企业要将工匠精神付诸实践，只有真正的“知行合一”，才能助力企业发展。

一、将工匠精神融入企业文化

企业文化是企业发展的基石，能够承载工匠精神的就是企业文化。那些将工匠精神融入企业文化的公司，员工从进入公司开始就一直沐浴在工匠精神的氛围里，做什么工作都力求完美。

将工匠精神融入企业文化，并通过各种方式，将工匠精神深入员工内心，使员工的工作更加严谨、细致，提高他们对于职业的认同感和荣誉感，令员工形成统一的精益求精的价值观，为工匠精神的传承营造氛围。

二、将工匠精神植入企业的各个环节

工匠精神引领创新和研发。创新是工匠精神的要求，以此积极发展新技术、研发新产品，提升品牌价值。工匠精神不仅仅是精耕细作，还要引入新观念进行升级产品，推进企业更快更好地发展。

工匠精神引领质量管理。工匠精神要求员工的工作精益求精，要求产品和服务更加完美，还要建立严格的质量管理制度，在企业中形成强烈的品质理念，从而全面提升企业产品和服务的质量水平。

三、建立完善制度，保障工匠精神

工匠精神的传承需要制度建设的保障，而工匠制度的建设除了精神上引导员工，更重要的是指导员工如何践行工匠精神。组织制度的完善，保证“匠人”拥有更大的权利和责任，保证全体员工将精力放在质量的提高上。奖惩制度的完善，保证践行工匠精神的员工得到奖励，重视一线员工的需求。培养制度的完善，保证匠人的培养不断层，同时企业要增加培训力度，培养出源源不断的匠人。

四、工匠精神要与时俱进

不同的时代、不同的时期，工匠精神的内涵有所不同，工匠精神带有每个时代的强烈特征。早期的工匠精神就是对于产品的精益求精，对于产品的专注和负责，但是随着现代社会的发展，工匠精神的内涵更加丰富，除了原有的严谨、专注、敬业外，更重视创新和品质。

工匠精神并不是从事手工艺，而是要将老一辈的优质的从业精神融入到现在的大生产和企业管理之中，提升产品和服务品质，推动企业的健康发展。

激励技巧和要点

· 植入“工匠精神”需要制度保障。健全的组织制度、奖惩制度、晋升制度和培训制度，是工匠精神得以传承和发扬的保证，只有在制度层面重视一线工人和“企业匠人”的发展，才能真正将工匠精神融入企业。

·“工匠精神”要融入企业各个环节。研发环节的工匠精神是创新，生产环节的工匠精神是精益求精，只有各个环节都秉承工匠精神，才能推动企业的发展。

第十二章

榜样激励，给心灵一个仰望的标杆

◎榜样的力量

榜样的力量是无穷的，是人类的行为指南。企业管理中经常用到榜样激励，对于成绩突出的个人或者团队，企业给予一定的奖励，对员工和团队的表彰就是为其他人树立了一个标准，激励大家向他们学习，激励员工更好地工作。

榜样就像一座灯塔，一面旗帜，为其他员工指引着努力的方向和目标，激励着员工追赶目标，完成目标。管理者选择的榜样必须是那些正能量的、成绩出色的员工或团队，切记要仔细考察，选准榜样。

榜样的树立一般分为三个步骤：第一步选择榜样。管理者选择榜样一定要准确，一定是成绩突出或者充满正能量的员工或团队，另外企业在选择榜样时，要根据企业想要达到的目的，选择对应的榜样。比如企业想要弘扬遵规守纪的精神，就不能选择销售业绩最好的员工作为榜样，这样就起不到相应的积极效果。第二步给予榜样相应的奖励。给予奖励一方面是为了鼓励和肯定员工的付出与努力，另一方面是为了刺激其他员工，激起他们上进的欲望。第三步广泛宣传榜样事迹。榜样只有宣传才能起到效果，宣传的方式可以是以文件的形式，也可以是以员工大会的形式，或者直接开专门的表彰大会，对于规模很大的企业，也可以举行榜样巡回宣讲会。只有尽可能地扩大影响，才能将激励作用发挥到最大。

为了最好地发挥榜样的作用，管理者树立榜样时应该注意以下几点。

一、保证榜样事迹的真实性

树立榜样前一定要仔细甄别榜样事迹的真实性，一旦造成误会，会对员工和企业造成很大的负面影响。

一天，公司的人事经理刚到公司就听说销售部的小张在上班路上，因为见义勇为被歹徒划伤，现在正在医院治疗。人事经理没认真调查事情的来龙去脉以及真实性就自作主张将小张的事迹发布到了公司的内部网站上，并要求大家向小张学习。但是不久后事件被核实，小张不是见义勇为者，他只是因为看热闹不小心自己划伤的。由于人事经理没有仔细核对事件的真实性，导致了“乌龙事件”，不光对小张本人造成了影响，也对企业的形象造成影响。

二、引导员工正确学习榜样

榜样代表着正能量，但是具体到一个事迹时，又有一定的差异性，很多事迹只是让员工学习他的精神而不是学习他的行为，所以企业在宣传榜样事迹时要注意引导正确方向，避免形式主义学习。比如，公司表扬了小王用废纸打印非重要文件的节约行为，结果就有人打印重要文件也使用废纸，甚至有人故意将纸用旧再打印，这就是形式模仿。

三、榜样的表彰要正式而隆重

榜样的表彰必须在正式场合隆重地进行，只有这样才能让其他员工羡慕，才能激起其他员工的好胜心，才能起到激励作用。

四、关注榜样的成长

企业对于榜样切记不要表彰之后不管不问，要持续关注他们的成长，帮助他们克服接下来工作中的困难，要求他们戒骄戒躁，争取做出更大的成绩。

激励技巧和要点

· 榜样事迹必须真实。真实的事迹可以激励人，而不真实的榜样事迹一旦被人识破，将会影响企业的威信而起不到任何激励效果。

· 引导员工正确学习榜样。榜样是值得我们学习的，但学习榜样要注意方法，不要机械地“抄袭”榜样，不要只是形式主义的学习。

◎ 身体力行，树立高大形象

作为企业管理者要积极参与公司的各项活动，带头遵守和执行企业的规章与制度，做到身体力行以身作则，让员工经常看到你的身影，只有这样，员工才会受到你的影响，才会以你为榜样。

古语说：“己欲立而立人，己欲达而达人。”这句话告诉我们只有自己愿意做的事情才能让别人去做，只有自己能够做到的事情才能要求别人也做到。企业管理者要用自己的实际行动告诉员工什么事可以做，什么事必须做，身体力行比任何语言都要有说服力和感染力。

日本东芝电器公司是世界上的知名企业，但是在 30 年前却遭遇了重大危机，几乎濒临破产。土光敏夫临危受命，出任东芝公司董事长，大家都期待着土光敏夫带领大家走出困境。土光敏夫首先做的就是唤起全体员工的士气和信心，要求大家工作时一定要全力以赴。

一天，土光敏夫听说销售部的一名员工遇到了麻烦，于是他就找到这名员工问明情况，得知是因为总是找不到对方的经理，所以交易一直无法达成，土光敏夫听后说要亲自去见见这个经理。于是第二天土光敏夫就来到了那家公司，果然经理不在，但土光敏夫没有马上离开，而是在办公室等候，但是一直没有等到。第三天土光敏夫又去了，办公室依然没人，询问秘书得知，经理这两天在总部开会，于是土光敏夫驱车赶到总部，终于见到了经理，最终做成了这笔生意。土光敏夫是在用自己的行动告诉员工什么才是全力以赴。

企业管理者的言行很容易影响到自己的员工，所以管理者要提高自己的修养，在员工面前做出表率，既能够增强自己的领导力，又能够有效地激励员工。

“己身正，不令而行；己身不正，虽令难从。”身体力行是最好的说服手段，管理者要变“按我说的做”为“按我做的做”，这样才能最大限度地激发员工的工作主动性。很多领导习惯于“嘴上领导”，总是说得很多，做得很少，这样的领导是不成功的。

榜样的力量是无穷的，只有领导以身作则、身体力行，才能对员工产生潜移默化的作用，才能为员工的工作和生活提供方向。有时部门领导的示范作用更大，因为同属一个部门，工作内容和工作方式相同，所以领导的以身作则更有参照性和针对性。管理者的身体力行做得越突出，对员工的激励作用就越大，效果就越好。

俗话说：“火车跑得快，全凭车头带。”企业的制度和规定执行得彻不彻底，很大程度在于管理者能不能身体力行，带头示范，要求别人做到，自己首先要做到、做好。上行才能下效，体现的就是身体力行的重要性。

激励技巧和要点

· 管理者的身体力行是工作能够做好的前提。上行而下效，只有管理者带头遵守规定，带头执行工作要求，带头践行企业文化，员工才能找到方向，才能受到激励。

· 身体力行要求管理者做好示范。成功的“身体力行”才能为员工树立榜样，所以管理者一定要真正做出榜样，让“力行”达到好的效果。

◎评选“明星员工”，塑造正面典型

“明星员工”是在企业中表现突出的员工，他们是一个企业的骨干力量，也是一个企业发展的中坚力量。明星员工是企业的宝贵财富，企业通过评选明星员工，塑造正面典型，可以激发企业的发展活力。

攀比心理是人类的本性，如果一个员工看到自己平时熟悉的同事，被评为了明星员工，被树立成为榜样，那么就会激起他的攀比心理和好胜心，他就会处处以此人为榜样来提升自己的能力，这就是塑造正面典型的作用。

任何一个企业或者组织中，明星员工都是一笔宝贵的财富。一方面，明星员工的工作能力极强，素质极高，能够为企业创造巨大价值；另一方面，明星员工可以带动周边的员工向自己学习，激励他们主动地努力工作，进而形成一种良好的工作氛围。所以，明星员工为企业的发展做出了巨大贡献。

明星员工能够激励其他员工，但是明星员工的激励作用需要管理者发挥。作为企业管理者要善于发现明星员工，善于培养明星员工，塑造典型，为企业员工提供指引的力量。

明星员工不是一天练成的，要经过长时间的锻炼和学习成长，是个人努力与企业培养的共同结果。作为企业如何培养明星员工，塑造典型呢？

一、善于发现明星员工

员工在刚进入企业时，是没有出色的业绩的，但是经过一段时间的学习后，有榜样潜质的员工会表现出与企业价值观一致的特性，他们每天都在进步，每天都在缩小与企业要求的差距，最终他们会成为企业需要的员工。所以企业管理者要多观察、多谈心，及时了解员工的内心活动和表现，及时锁定那些具有潜质的明星员工。

二、注意培养明星员工

身为企业管理者，一项重要的职责就是为企业培养出优秀的员工或明星级的员工，一旦发现了那些具有榜样潜质的员工，就要尽可能地为其提供良好的环境，包括合适的工作内容、科学的学习培训计划、阶梯式的晋升空间等，一步步拓宽他们的视野，增长他们的知识，提升他们的能力，创造适宜的环境，帮助他们尽快成长起来。

三、塑造正面典型

企业在培养出或者挖掘出明星员工后，要对他们进行大量的宣传，让他们的事迹在员工中广泛流传。可以召开专门的宣讲大会，提升这些员工的知名度和感染力，让明星员工获得其他员工的认可，进而激励他们向明星员工学习。需要注意的是，对正面典型的塑造不能言过其实，要尊重事实，否则明星员工就会失去激励作用，甚至起到反作用。

明星员工不是一成不变的，将员工树立为正面典型后还要继续关注和培养他们，持续提高他们的素质和能力，以适应不断发展的市场环境。

激励技巧和要点

· 明星员工需要发掘和培养。每个企业都有某个方面成绩突出的员工，一定要及时发现。作为管理者还要善于培养榜样员工，通过利用公司的资源，将拥有潜质的员工培养为明星员工。

· 正面典型的塑造需要广泛宣传。典型的塑造，除了挖掘出明星员工外，还要展开宣传，让全体员工知道其典型事迹，并认可和学习他，切记宣传要真实。

◎以星火燎原，用激情引爆激情

星星之火可以燎原，在一个企业中，优秀员工、先进事迹就是那星星之火。当一个企业、一个部门、一个团队中出现一个表现出色的员工时，一定要积极宣传，加以引导，力争使个人带动集体，激励全体员工迸发出热情。

一家食品公司销售部的业绩一直不太好，直接影响了整个企业的发展。为此，公司开始调查原因，最后发现是由于公司历史悠久，管理方法落后；另外由于市场相对稳定，所以销售部在市场开发上缺乏激情。面对这样的状况，销售经理经过一段时间的观察，他似乎找到了一个突破口。有个年轻人刚刚进入公司，工作积极努力，每天都来得很早，走得很晚，但是业绩始终平平，经理决定帮帮他，于是经理经常找到他，并将自己多年的销售经验和方法传授给他，渐渐地年轻人的业绩越来越好，最终成为销量第一，而且超出其他人很多。

经理专门为他做了一面荣誉墙，将他的照片和业绩张贴出来，并在不同的会议上鼓励大家说："一个刚进公司的年轻人都能做出这样的成绩，更何况你们这些老员工呢？"为此，经理还专门向总经理请示，以企业集团的名义公开表彰这位年轻人。经理做这一切的目的就是为了树立典型，并以他为点，带动整个销售部。很快收到了效果，提前到达公司开始工作的员工越来越多，工作起来也越来越积极主动，销售部一改往日的懒散，变成了一个激情满满的部门。

如何让星星之火呈燎原之势，如何以激情点燃激情呢？其实就是要善于发挥出积极分子的带动效应。

一、合理搭配团队成员

管理者要通过一定方法，给每个部门和团队都配备一个工作积极、成绩突出的员工，或者通过培养，使每个团队中都涌现出榜样型的员工。通过这些员工的带动效应，激发其他员工的激情，可以活跃一个团队的进取氛围，进而点燃整个企业的热情。

二、加大宣传

通过不同途径的宣传，将典型事迹扩散到整个团队、整个企业。每个人都有见贤思齐的本能，通过在每个战线、每个团队、每个领域、各个方面树立典型，使员工在自己的身边就能找到学习的榜样。

三、引入竞争机制

在学习先进的过程中，可以适当地引入竞争机制，促进员工之间、团队之间的良性竞争，使先进精神在竞争中进一步落实，进一步强化，助力星星之火越烧越旺，最终形成燎原之势。

一个典型可以带动一片，可以产生“一花引来万花开”的效应，通过一个优秀员工带动一个团队，通过一个优秀团队，激活其他部门的学习热情，进而点燃整个企业的活力，促进企业的健康持续发展。

激励技巧和要点

· 合理配备团队成员，扩大榜样力量。如果一个企业只有一个学习榜样，员工在无法近距离接触先进员工的情况下很难学习，所以企业通过配置，保证每个部门、每个团队中都有一个典型员工，员工在自己的身边就能找到学习的榜样，这样将扩大激励效果。

· 竞争机制可以助推榜样学习。引入适当的竞争机制，在学习先进员工中加入竞争元素，将会促使先进精神的落实，将激活整个企业的活力。

◎榜样激励法的运用技巧

在企业中树立榜样，有助于为其他员工树立目标和方向，榜样的先进事迹会激励着其他员工学习和效仿，有助于企业目标的达成。虽说榜样的力量大家都是认可的，管理者也都明白榜样的作用，但是如何运用榜样激励法，如何发挥出榜样的最大能量呢？

一、选择本公司员工或团队为榜样

由于同在一个企业，同在一个环境工作，所以选公司内部人员为榜样，往往刺激效果更加明显。因为熟悉，所以员工的心理差距小，更加了解他们成功的过程，对于超过他们更有信心。比如一个公司销售部有三个团队，肯定会有一个团队的业绩最好，工作效率最高，那么就可以选择这个团队为榜样。

小王刚刚工作，公司规定了一个月的实习期，并要求在实习结束后要交一篇实习报告，但是小王却每天写一篇报告，将自己的所见所闻所想写下来，每天基本上都要写 5000 字，写好后一份交给人事部，一份交给实习主管，小王这样做的目的并不是为了表现自己，而是想通过这样的方法学得更多更扎实。一个月的实习期结束了，但是小王觉得自己对公司的了解远远不够，于是又申请了一个月的实习期，两个月后他依然觉得不够，就这样他实习了六个月，了解了小王的行为后，公司号召大家都向小王学习，学习他认真负责的态度。两年后小王当上了代理主管，这在公司是很少见的。看到小王进步如此快速，当初和小王一起进入公司的员工也一个个铆足了劲要出人头地。

二、让榜样员工为新员工作报告、做培训

可以安排榜样员工给新员工做报告、做培训，将自己的事迹用自己的话说出来，将极富感染力，也会将榜样的激励作用发挥到最大。

刘建华是一家内地合资公司的生产部部长，手下有两个生产部，员工达到 2000 人，但刘建华当初却是从工人做起，一步步走到了今天。他就很适合去给新员工做培训，他可以告诉员工“你们不要担心在公司得不到晋升和发展，虽然公司现在已经有 4000、5000 人了，但公司的规模会越来越大，领导岗位会越来越多，而你们很可能成为其中一个，就像我一样，我就是从一个底层的工人开始做起的……”这样的话从刘建华口中说出再合适不过了，现身说法的激励作用最大。

三、为榜样员工定制特别标志

企业可以为榜样员工定制不一样的服装，或者给他们佩戴别致的胸章，让其他员工一眼就知道他们是榜样，一方面可以极大地刺激其他员工的上进心，另一方面也可以时刻提醒榜样员工严格要求自己。比如公司的其他员工都是统一的白色服装，那么就可以给榜样员工配备蓝色服装，或者给榜样员工佩戴有特殊 LOGO 的胸针。

四、榜样事迹的宣传要通过多渠道

为了达到激励的效果，一定要保证宣传到位，可以利用公司内部网站或者办公系统，也可以以真实文件的形式下发到各个部门，也可以在公司的报栏和公告栏里进行公示，还可以利用公司的广播进行宣传。

激励技巧和要点

· 榜样事迹一定要真实。真实的事迹才会有激励作用，而故意夸大或者虚构，只能激励一时，一旦被识破，将会极大影响公司的形象和威信。

· 榜样的宣传要利用多种手段。榜样事迹知晓度越广，激励效果越好，所以要广泛利用各种宣传途径，如网络、报纸、广播电视等，做到宣传范围最大化。

第十三章
荣誉激励，让员工拧紧上进的发条

◎荣誉是一剂精神养料

荣誉是对一个人优秀表现的赞美，也是对于一个人或者团体的崇高评价，能够满足人们的自尊，激发出人们的成就感和自豪感。所以对于表现突出的员工和团队进行荣誉奖励，能够极大满足员工对于自我肯定的追求，能够激发出员工的强大自豪感，促进工作的快速推进。

当获得荣誉时，员工增加了信心，也增加了对公司的满意度，体会到了自我价值，能够让员工迸发出强大的能量。许多企业从员工的这一需求出发，满足员工的各种荣誉需求，从而收到激励员工的最佳效果。

荣誉激励就是依据社会公德和职业规范来营造一种氛围，使被激励对象产生荣誉感。一般都是运用正式文件、网络、会议、广播和墙报的形式，对企业中优秀个人、团队进行表彰，肯定优秀员工的工作成绩，也激励其他员工向他们学习，进而营造一种积极努力的工作氛围。

企业进行荣誉激励时要注意一些原则。

一、荣誉激励要在公开场合

员工若是获得荣誉，大多希望被人知晓。在公共场合表彰员工既满足了员工的这种心理，又能给其他员工树立一个学习的榜样。所以说，在公开场合给予员工荣誉，能够激发全体员工的积极性和主动性。

二、不要吝啬头衔和名号

作为企业的管理者不要吝啬一些头衔、名号，因为这些头衔和名号不会增加公司成本，反而还会增加员工对于企业的认同感和归属感，从而激发员工的热情。比如可以授予员工“某某技能第一人”“某某技能标兵”

的称号；还可以授予员工一些管理上的虚衔，比如“某某团队负责人”的称号。

荣誉激励的具体方式有很多。

一、开展员工评比活动

企业在一个特定时期或者年终时，可以开展优秀员工的评比活动，评选出各方面的优秀员工，但企业开展的这类活动，评选的项目太少，比较单一，公司不妨多设置一些单项荣誉，比如进步员工、拜访客户最多员工、业绩最好员工、客户最满意员工等，体现的是员工只要在一个方面突出就能获得表彰的理念。

二、借助荣誉墙、企业年鉴来激励员工

员工的先进事迹越得到广泛宣传，对于员工的激励作用就越大。企业可以利用荣誉墙或者企业的年鉴，还可以印一些精美的台历，将优秀员工的事迹和照片放在上面，让其他员工看到公司对待荣誉的态度，激发出员工最大的动力。

激励技巧和要点

· 荣誉激励要在公开场合进行。私下授予员工某项荣誉根本达不到激励的效果，只有在公共场合，当着其他员工的面，广而告之，大肆宣传，才能将荣誉的激励效果发挥到最大。

· 切记荣誉是奖励给有贡献的员工，不能论资历。很多企业存在这样的误区，在授予荣誉时，都是优先考虑那些资历老的员工。结果不论贡献大小，最后寒了工作努力员工的心，极大地挫伤了他们的工作积极性。

◎ 头衔的设立

管理学中有一种头衔效应，含义是一旦给予某个人一项头衔后，无论这个头衔是拥有实权还是一个虚名，被授予者往往都会努力提升自己，来适应这个头衔的要求。头衔往往能够激发员工的正能量，刺激员工积极努力去工作。这种头衔效应为什么会产生呢？主要是以下两个原因。

一、满足了人们的虚荣心

头衔在中国往往被认为是一种进步的表现，即使被授予的是没有实权的虚衔，也往往会让人沾沾自喜，因为这种头衔满足了人们的虚荣心，使人在潜意识中感觉比别人优秀，地位提高。这种现象与中国传统的官本位思想有关，中国传统认为头衔是身份的象征、地位的体现。一般来说，被授予了头衔的人能够达到头衔的要求，而且在虚荣心的驱使下，会更加努力去符合这个头衔。所以说，头衔满足了一个人的虚荣心，而虚荣心又推动一个人向前发展。

二、头衔使人产生一种使命感

头衔赋予一个人强大的使命感，而使命感是一个人自觉主动工作的最强大动力，并努力提升自己来适应这个头衔。对于一个企业来说，头衔总是有限的，人一旦被授予了一个头衔，除了自豪感外就是强大的使命感，在以后的工作中更加严格要求自己，使自己对得起这个头衔，否则就是失职，就是失信。

另外，头衔的暗示作用和指向作用也是产生头衔效应的原因之一。

头衔的激励作用巨大，企业要在日常的管理中，多授予员工头衔，不要限制于传统的头衔，比如主管、经理等，而是可以创新地设置头衔，比如带头人、某某第一人等等。这些新型的头衔虽然没有实权，但是依然是对员工能力和工作的一种认可，依然能够起到激励作用，而且这种虚衔不受数量的控制，相比于传统的头衔更具优势，但是虚衔也不能泛滥，否则效果将会打折。

王龙是模具厂的一名一线技术工人，做事非常勤奋努力、精益求精，力求让自己的产品达到完美。刚开始的时候王龙产品的合格率也很低，但他不气馁，通过请教老师傅，自己查阅资料和生产说明，在实际工作中不断磨炼自己的技术，他的产品合格率也开始越来越高，到最后他甚至达到了不需要标尺光凭手感就能作出合格产品的地步。鉴于他的优秀表现，公司决定授予他"产品标准师"的头衔，得到这一头衔后，王龙感觉到自己的使命和压力，接下来的工作中，他更加努力，对自己的要求更加严格，生怕辜负了领导授予的头衔，最后他的产品精确度更高，基本上达到了完美产品标准。

激励技巧和要点

· 头衔激励员工更加努力。头衔的激励作用是显而易见的，头衔会激发出员工的内在主动性，促使员工更加努力地工作，以更严格的标准要求自己。

· 企业领导不要吝啬头衔。了解了头衔的巨大作用，企业就要多多授予员工头衔，如果实权头衔有限，可以设置一些新颖的虚衔，同样具有激励作用。

· 头衔的授予要控制数量。头衔一旦泛滥，甚至达到了人手一个的程度，那么头衔就失去了其重要作用，这样的头衔授予还不如不授。

◎以员工名字命名

用人的名字为某个事物或者成果命名，从古至今一直存在，比如古代的蔡伦造纸术、孔明灯、鲁班锯等，而这种方式在近现代的科学界更是司空见惯，比如著名的诺贝尔奖就是以科学家诺贝尔的名字命名的，以及大家很熟悉的牛顿定律等，这些都是对杰出人物特殊贡献的最好表彰。

这种以人名命名的方法也被引用到了企业管理中，企业为了表彰员工在某个方面做出的贡献，比如创新了工作方法，升级了技术，研发了某种产品，会将这个工作成果用员工的名字命名，以这样的方式肯定员工的工作，鼓励员工继续创造更大的成绩。

大庆油田采油四厂的赵福冬，一直是个默默无闻的一线工人，但是最近成为整个油田家喻户晓的“明星”，只因为他在工作中不断摸索，总结经验，研发出了一种新的调整平衡块的工具，油田决定大力推广这种方法，并将这个工具命名为“福冬扳手”。

用员工的名字命名是一项至高的荣誉，有可能会流传后代的，所以这种方式对于员工的激励作用巨大，既鼓舞了做出成绩的员工，又刺激了其他员工，激励他们向榜样学习，激发他们的创新意识，增强工作主动性，进而形成良好的工作氛围。

为了将命名这种方式的激励作用最大化，企业应该运用一些方式方法。

一、建立相关的机制

对于什么样的工作成果应该获得命名权，对于工作成果如何评定、如何审核，应该建立一套规范的制度和标准，还可以成立专门的评定委员会，负责员工成果的申请、评定、奖励。另外，企业应该仔细挖掘这样的技术革新和研究成果，及时进行表彰。海尔老总张瑞敏一次下车间视察，发现一个员工的烧线技术非常特别，而且烧线的速度是其他人的几倍，于是就将这种烧线技术以这位员工的名字命名进行推广，很好地激励了员工的工作热情。我们从这个事例中看到及时发现有工作成果员工的重要性，如果公司已经建立相关的开放式成果申报机制，更加完美。

二、及时宣传

如果给予员工的命名权只是私下里说一说，并没有进行公开和宣传，那么这种方式的激励效果将会大大降低，甚至毫无效果。在给予员工命名权后，要通过员工大会，通过公司内部网络系统或者广播和墙报等形式，将这件事传播出去。这样，既增加了员工的满足感，又可以激励其他员工。另外宣传之后还要及时推广，被命名的技术或成果一定是先进的，所以及时推广能够提高其他员工的工作效率，促进企业的发展。

三、给予相应的奖励

虽然用员工的名字命名对于个人来说是个巨大的荣誉，但是现实管理中还是要配上相关的奖励，比如给予一定的奖金或者物质奖励，保证为企业做出贡献的员工在精神上和物质上都得到满足，如此将扩大激励的效果。

激励技巧和要点

· 命名权绝不能泛滥。如果不能严格命名权的标准，不能保证命名权是一种稀少的荣誉，那么命名权的激励效果将大打折扣。

· 用员工的名字命名需要大力宣传。只有大力宣传才能实现这一手段的激励作用，如果是私下里命名，不推广，不宣传，那么这个命名权就没有任何意义。

◎荣誉等级化，激发攀登欲望

为什么运动员总是能够坚持十年如一日的刻苦训练，那是因为运动员的前方有更高的荣誉需要他们逐步去追求，拿到了全省冠军还有全国冠军，拿到了全国冠军还有世界冠军，拿了一个冠军还有“大满贯”需要完成。正是因为运动员的前面有一个个等级分明的荣誉，才激励着他们不断向前。

为荣誉设置等级化的方法放在企业管理中依然适用，这样的方式可以让员工看到更高的荣誉、更高的奖励。每个人都有获得更高荣誉、攀登高峰的欲望，企业正是利用员工这样的心理，从而激发出员工的欲望，促进员工做出更好的成绩。

企业对于荣誉等级的设置可以根据企业自身的情况，根据员工的工作内容自行设置，比如，有一家销售公司，就在销售荣誉方面的设置上应用了这样的方法。他们以销售额为指标，设置了销售周冠军、销售月冠军、销售季度冠军、销售年度总冠军，并分别公示在公司荣誉墙。经过这一系列的荣誉激励，该公司的销量一直很好。还有一家科技公司，他们公司必须依靠创新和研发来发展，所以该公司非常重视员工的创新能力，于是该公司出台了规定，员工完成一项被公司认可的创新，就可以被授予“创新能手”的称号，完成三项创新可以被授予“公司技术顾问”的称号，当员工的创新超过五项后，会被授予“特殊贡献者”的荣誉称号，每个层级的称号都会附带着相应的待遇和奖励。

等级化的荣誉设计能够持续不断地激励员工，激发他们的创造性，激发出他们争取最高荣誉的欲望，进而形成一种积极工作的氛围。但是想要运用好这个方法，还要注意几个关键点。

一、每个等级要有相应的奖励

荣誉奖励加上物质奖励才能形成完美的激励效果。在设计荣誉等级时，要配上应该享受的待遇和奖励，让员工的精神和物质同时得到满足，才能成功激励员工。荣誉奖励是物质奖励的前提，只有获得相应的荣誉，才能享受相应的物质待遇，如果只有荣誉而没有物质奖励，时间长了员工会对公司有怨言；物质奖励是荣誉奖励的保证，相应的荣誉和实实在在的奖金会让员工对荣誉有更大的渴望。

二、等级化的荣誉要有外在表现

如果员工获得了相关的荣誉，只是一个放在家里的证书或奖状，过后自己会淡忘，其他员工更会忘记，激励的效应不会长久，因此企业可以根据一定的方式将员工的荣誉外在化地表现出来，时时刻刻让员工们知道这些荣誉的存在，激励效果会更持久。比如，一个公司将公司的荣誉划分了等级，获得相应荣誉的员工在着装上会有所不同，分别是白色的衣服、红色的衣服和蓝色的衣服，什么样的衣服代表什么样的等级，让员工一目了然，还可以用领带或者胸牌进行区分。

三、明确等级

企业设置的荣誉等级一定要清晰分明，让人一目了然，而且在设置出荣誉等级后，及时将等级的划分通报下去，让每个员工都明白自己的目标在哪里，知道自己该如何奋斗。

激励技巧和要点

· 荣誉等级化要配备相应的福利待遇。荣誉激励和物质激励相辅相成，物质奖励是荣誉奖励的有力保证，物质奖励能够保证荣誉激励作用的最大发挥。

· 荣誉等级化要有外在表现形式。将每个等级的荣誉用不同的方式表现出来，让员工们看到不同的服装、领带或者胸牌，就能够知道该员工的荣誉等级，这样的荣誉激励效果会更有持久性。

◎授予荣誉的形式多样化

在授予荣誉的方式上，企业可以进行创新，不一定非要按照传统的方式来。在企业管理水平高度发展的今天，授予荣誉的形式也是越来越丰富。大致有以下几种方式。

一、传统型的授予方式

1. 内部发证书或奖杯

这种授予方式可以与大会表彰结合使用，也可以单独使用，一般是针对企业中较为普通的荣誉，比如说优秀党员等。这种方式的影响范围较小，但是相应的成本较低，而且发放的证书和奖杯还能作为纪念品被珍藏。

2. 大会表彰

员工大会上进行荣誉授予是一种比较传统的方式，一直被沿用至今，因为它有着自己的独特优势。形式一般是召开全体员工大会或部分员工会，在会上，当着其他员工的面授予荣誉，这种方式最大的好处是让获得荣誉的员工获得极大的心理满足，获得自豪感，让其他员工真切地看到榜样，进而起到激励的作用。

二、新颖的授予方式

1. 公司荣誉墙或内部纪念册

可以将有贡献或者工作突出的员工放在公司荣誉墙上，或者将员工事迹制作成纪念册和台历，发到每个员工的手中，这样授予方式可以将员工的事迹传播开来，形成良好的激励效果。比如，有一个公司专门建立了一间荣誉室，命名为“名人堂”，将工作出色或对公司有重大贡献的员工照片和事迹摆在荣誉室，因此该公司员工都将进入“名人堂”当成事业追求的最高荣誉。

2. 公司网站首页展示

现代公司都有自己的网站，有的公司还有自己的内部办公系统。公司可以将获得荣誉的员工，在网站首页上直接展示，可以是图片配上事迹的形式，也可以是制作成小视频的方式，供其他员工学习。这种方式的好处是可以将员工的优秀事迹宣传得很全面，使其他员工更能了解获得荣誉的具体情况。

3. 其他方式

授予员工荣誉的方式多种多样，没有固定的模式，只要达到激励其他员工，满足员工心理需求就可以了。比如在公司的长廊或电梯中悬挂员工的照片和事迹，或者办一场表彰酒会，或者是与公司老总共进晚餐等。

激励技巧和要点

· 授予荣誉的方式要保证满足获得者的心理需求。员工做出成绩后，都想得到公司的认可和肯定，希望获得公司的表扬，希望被其他员工羡慕，所以任何一种荣誉授予方式都能够满足员工的这些需求。

· 授予荣誉的方式要能激励其他员工。公司设置荣誉并给员工发放荣誉，其中一项重要作用就是激励其他员工进步，刺激他们更加努力工作，达不到这个效果的授予方式就是失败的方式。

◎注重仪式感

在《小王子》一书中，有过这样一段描写：小王子在驯养狐狸后的第二天又去看望它。

“你每天最好在相同的时间来，”狐狸说，“比如说，你下午四点钟来，那么从三点钟起，我就开始感到幸福。时间越临近，我就越感到幸福。到了四点钟的时候，我就会坐立不安，我就会发现幸福的代价。但是，如果你随便什么时候来，我就不知道在什么时候该准备好我的心情……应当有一定的仪式。”

“仪式是什么？”小王子问道。

“这也是一种早已被人忘却了的事。”狐狸说，“它就是使某一天与其他日子不同，使某一时刻与其他时刻不同。”

人类，通过这种仪式带来的仪式感，往往会给自己一种强烈的自我暗示。人需要仪式感，其中一个原因，就是需要某种自我暗示，暗示自己要更认真，更专注，做出改变。管理员工也一定要注重仪式感。

有一个教师这样说，他在班上频发荣誉证书，如优秀班干部、优秀团员、三好学生等，都是直接发给学生，甚至是让学生自己去办公室拿，发放得很随意，导致学生收到荣誉后根本不会兴奋，其他学生也不会羡慕。其实企业的状况和这位老师描述的差不多，荣誉发放随意，就等于企业欠员工一个仪式，也欠一个对员工的肯定和表扬。

导致企业不注重仪式感的原因基本是以下几点。

一、企业管理者的不重视

很多企业管理者认为荣誉很重要，一定要授予员工，但至于怎么授予，采用什么形式，是直接给还是公开给，区别并不大。其实这是大错特错的，仪式感表示的是对荣誉的重视，对员工的尊重，当授予员工荣誉是敷衍了事时，给员工传达的信号就是“这样荣誉不重要，可有可无”，一旦让员工形成了这样的认识，那么荣誉带来的激励作用将大打折扣。

二、员工对于荣誉的不重视

现在的人们大多看重物质奖励而轻视荣誉奖励，总是盯着奖金和福利，内心没有一种强烈的荣誉感，对荣誉的兴趣不浓。

荣誉需要隆重的仪式感，绝不能草率行事，越隆重的授予方式越能够激励他人。比如 IBM 公司，每到授予员工荣誉时，公司都极为重视，规模很大，将授奖员工作为全公司的焦点，让其他员工羡慕以达到效仿目的。

针对企业不重视仪式感的现象，企业应该想办法解决。首先要提高管理者自身的认识，让管理者理解仪式感的重要性与必要性，只有管理者提高认识才能带动全体员工重视仪式感；其次企业要培养员工的仪式感，企业要为每次的表彰举行隆重的仪式，在形式上的重视，才能引起员工心理上的重

视，久而久之将仪式感植入员工的内心。企业也可以在每次授予荣誉时增加一些小环节，营造这样的仪式感。比如在获得荣誉后，模仿好莱坞，让每个员工印下一个手印，公司将这些手印放在公司显眼的位置上。

B 公司有着优良的传统，对于荣誉非常重视。每当要到表彰大会的时候，B 公司不仅会将全体员工都召集起来，安排最高级的场所，还会在授予荣誉开始前，特设一个“红毯时间”，邀请获得荣誉的员工一个个从红毯上走过，而其他员工则分列两边，用这种特殊的方式让其他员工见证他们的荣光，从而增加了这个活动的仪式感。

仪式感是荣誉的内在气质，如果荣誉缺少了这种气质就失去了灵魂，失去了吸引力，失去了激励作用，所以企业要给荣誉一个隆重的仪式，需要给优秀员工一个由衷的赞美，需要给其他员工树立一个神圣的榜样。

激励技巧和要点

· 仪式感的营造需要管理者的重视。只有管理者对仪式感有了正确的认识，才会在授予员工荣誉时，强调仪式感，才会让员工体会这种仪式感，从而引导员工用庄重严肃的态度对待这种仪式感。

· 仪式感的形成需要一些小技巧。除了隆重的形式外，还可以加入一些环节来增加这种仪式感，比如留下荣誉员工的手掌印，请荣誉员工走红毯，这些小安排只有一个目的，将荣誉员工与其他员工区别开来，区别对待是形成仪式感的一个有效方法。

◎邀请家属参与分享

分享可以使快乐翻倍，可以放大荣誉的激励作用，所以企业要想将荣誉的作用发挥到最大，邀请员工家属一起分享是个非常好的办法。

当企业授予员工荣誉时，邀请员工家属一起参与，一方面可以加深员工家属对于公司的了解，了解企业对于员工的态度，看到企业对于员工的鼓励；另一方面家属的参与也加深对员工工作状态和工作成绩的了解，以后对员工的工作会更加支持。

当员工获得了荣誉后，最想告诉和分享的人就是他的家人，因为家人在他的工作中给予了巨大支持，这份荣誉是对整个家庭的奖励，也是员工对于家人支持最好的回报。

王有田是一名普通的煤炭工人，每天起早贪黑地工作，而且回去之后浑身都是黑灰，又要洗澡又要换衣服，脏衣服都留给妻子洗，妻子白天也要上班，所以很辛苦。刚开始时，妻子能够理解他的辛苦，也支持他的工作，没有什么怨言，但随着日子越来越长，妻子的压力也越来越大，再加上王有田是个木讷的人，不会开解妻子，所以导致两人的矛盾越来越大。

一天下班回家，王有田递给妻子一张请柬，妻子很疑惑，拿过来发现是他公司的邀请函，邀请她参加一个晚宴。妻子问他什么晚宴，他只说是单位聚餐，所有人都要参加。到了晚宴的那天，妻子才发现是一个表彰宴会，当主持人宣布获奖人里有王有田的时候，她非常惊讶。台上公司总经理隆重表扬了王有田，原来王有田不仅平时工作非常努力，而且善于钻研，正是由于他的付出，让公司钻机的性能大大改进，极大地提高了工作效率。为了表彰他的成绩，公司授予他“优秀员工”的称号，并聘他为公司技术顾问，待遇因此提升了一大截。妻子不敢相信眼前所发生的一切，如果不是这场晚宴，她还“蒙在鼓里”。

家属参与分享员工荣誉的形式有很多，但常见的一般都是下面三种。

一、家属参与评比活动

很多公司经常组织一些评比活动，最后会给胜出的员工授予荣誉。比如短期的技能比拼活动，对于这样的活动，企业可以邀请员工家属参与进来，可以是以嘉宾、看客的身份参与和分享，甚至可以是以评委的身份参加活动。这种形式的参与最大的好处是家属在活动中可以充分了解员工的工作状态，近距离感受员工高超的技艺，更加了解自己家人，更加支持自己的家人。

二、参与表彰会

这是最常见的一种分享方式，当企业召开表彰大会时，可以邀请员工家属一起参加，让家属见证他们的荣光时刻，因为这其中的荣誉也有家属的一份，没有他们的支持，员工的工作或许不会如此出色。

三、享受荣誉带来的福利

很多企业在授予员工荣誉时会附带奖励福利，在福利的选择上企业可以挑选像旅游这样的项目，并邀请员工家属一起参加，享受家人获得的荣誉和福利，相信家属会更加感激公司，会更理解员工，进而会更支持员工。

激励技巧和要点

· 家属的参与是企业和员工共同的愿望。家属参与到授予荣誉的活动中来，可以加深对公司的了解，可以提高对企业的认同度，也会更了解自己家人的工作状态、工作成绩，进而更加支持家人的工作。